아름다운 가치사전 2
모두를 위한 가치

채인선
남한강이 흐르는 충주의 한적한 시골에 정착해 사과나무를 키우며 살고 있습니다. 그 동안 그림책, 동화책을 포함해
60여 권의 책을 썼으며 교과서에 실린 작품으로는 《내 짝꿍 최영대》, 《손 큰 할머니의 만두 만들기》, 《아름다운 가치 사전》,
《가족의 가족을 뭐라고 부르지?》, 《나는 나의 주인》, 《원숭이 오누이》가 있습니다. 자택에 한국그림책 다락방 도서관을 열어
일요일마다 개방하고, 도서관에 오는 아이들이 맘껏 뛰어놀 수 있도록 '채인선의 이야기 정원'에 정원 놀이터를 조성하고 있습
니다.
채인선의 이야기 정원 blog.naver.com/arrige_8649

김은정
경원대학교와 동 대학원에서 동양화를 전공했습니다. 졸업 후 일러스트레이션을 공부하고
어린이책에 그림을 그리고 있습니다. 쓰고 그린 책으로 《사소한 구별법》, 그린 책으로 《나팔귀와 땅콩귀》, 《보자기놀이》 등이
있고, 채인선과 함께 한 책으로 《딸은 좋다》, 《세상 모든 것들이 너를 기다리고 있어》, 〈동물에게 배워요〉 시리즈 중
《어른이 되는 건 쉬운 일이 아니에요》, 《우리 나름대로 얘기하는 방식이 있어요》 등이 있습니다.

아름다운 가치사전 2
모두를 위한 가치

채인선 글 | 김은정 그림

이 책의 구성에 대해

아름다운 가치 사전은 막 사회생활을 시작하는 아이들이 꼭 알아야 할 아름다운 가치 24가지를 선정해, 그 사례들을 사전 형식으로 수록한 책입니다. 용기, 협동 등 가치 개념마다 열 가지, 총 240여 사례들이 70여 장의 그림과 어울려 있는, 한국뿐 아니라 세계 어느 나라에서도 시도된 적이 없는 독특한 형식의 미덕 책입니다.

아름다운 가치 사전은 두 권으로 구성되어 있습니다. 첫 번째 권은 양심, 정직 등 주로 개개인의 소양과 인격 형성에 도움이 될 기본적인 가치를 다루고 있고, 두 번째 권은 좀 더 시야를 넓혀서 생명 존중, 자연 사랑, 평화, 함께하기 등과 같이 지구촌의 시민으로 살아가는 데 필요한 가치가 포함되어 있습니다. 또한 서양의 미덕에 가려져 잘 보이지 않았던 동양의 아름다운 가치를 가려 뽑았는데 겸손, 성실, 마음 나누기, 정성, 즐거움, 착한 마음 등이 여기에 해당됩니다. 이 밖에 아이들의 삶에서 자주 얘기되는 신중, 약속, 우정, 정돈도 집어넣어 실제 생활에서 바로 아름다운 가치를 익힐 수 있게 했습니다.

아름다운 가치 사전은 가치 개념이 정의가 아닌 사례들로 설명되어 있습니다. 아이들에게 어떤 개념을 설명할 때는 추상적인 정의보다는 여러 가지 사례를 들어 말하는 것이 훨씬 효과적이기 때문입니다. 각기 다양한 사례들을 읽어 보며 아이들은 보다 포괄적으로 개념을 이해하게 되고, 자기의 경우를 돌이켜 보며 그 의미를 구체적으로 마음에 새길 수 있을 것입니다.

아 름 다 운 가 치 사 전 에 는   가치 개념 항목마다 '함께 해 봐요' '함께 느껴요' 란이 별도로 꾸며져 있습니다. 시와 이야기, 만화 등 다채롭게 꾸며진 '함께 느껴요'에서 아이들은 미덕의 가치에 대해 좀 더 깊이 생각해 볼 수 있을 것입니다. '함께 해 봐요'는 말 그대로 함께 카드도 만들고 글도 써 보면서 흥미롭게 미덕을 체험하는 곳입니다.

아 름 다 운 가 치 사 전 에 는   이 책을 같이 읽으실 부모님과 선생님을 위해 본문 끝에 '아름다운 가치 24 정의'를 덧붙였습니다. 각 가치의 정확한 개념을 파악하는 데 참고가 될 것입니다. 아울러 부모님과 선생님 들은 그다음 페이지에 실린 '아름다운 가치 사전 200% 활용하기'를 지나치지 않기 바랍니다. 아름다운 가치 사전을 가지고 아이들과 해 볼 수 있는 몇 가지 활동과 놀이를 소개한 것입니다. 여기서 아이디어를 얻어 자기 아이에게 꼭 맞는 놀이를 생각해 보는 것도 좋겠습니다.

일러두기
★ 본문의 내용 중 굵게 강조한 낱말은 아름다운 가치 사전 두 권에서 표제어로 다룬 항목들입니다.
   이는 아이들이 각 개념들을 따로따로 익히는 것이 아니라 그 연관성 속에서 보다 유기적으로 의미를 체득할 수 있도록 도울 것입니다.
★ 여기 나온 사진 자료와 글 자료 중 저작권이 있는 것은 저작자의 허락을 받고 게재하는 것임을 밝힙니다.

차례 이 책의 구성에 대해 4

- 01 경청 | 오늘 나의 경청 쪽지 12
- 02 공감 | 공감을 표현할 때는? 16
- 03 끈기 | 끈기를 키워요 20
- 04 바른 마음 | 옳지 않은 일에는 "멈춰!" 24
- 05 보살핌 | 보살핌이 필요해! 28
- 06 부지런 | 게으름과 부지런 32
- 07 생명 존중 | 도롱뇽을 대신하여 36
- 08 솔선 | 솔선의 일기 쓰기 40
- 09 아름다움 | 새벽으로 만든 집(시) 50
- 10 양보 | 그네와 수박 54
- 11 우정 | 우정의 약속 58
- 12 자연 사랑 | 자연을 발견해요 62

| 13 | 자유 | 자유는 공평하게 66
| 14 | 절약 | 모두를 이롭게 하는 절약 70
| 15 | 절제 | 우리 집의 절제 목록 74
| 16 | 정돈 | 마음 정돈하기 78
| 17 | 정성 | 정성을 담은 카드 86
| 18 | 즐거움 | 나를 즐겁게 하는 것들 90
| 19 | 질서 | 질서가 뭘까? 왜 지켜야 하지? 94
| 20 | 착한 마음 | 칭찬 릴레이 카드 98
| 21 | 평화 | 평화(동시) 102
| 22 | 함께하기 | 아름다운 어깨동무 106
| 23 | 협동 | 동물에게 배우는 협동 110
| 24 | 희망 | 함께 나눌 수 있는 희망도 있어요 114

모두를 위한 아름다운 가치 24 정의 118

아름다운 가치 사전 200% 활용하기 124

에필로그 126

경청이란, 속으로 책을 읽을 때
내가 내 목소리를 잘 듣는 것.

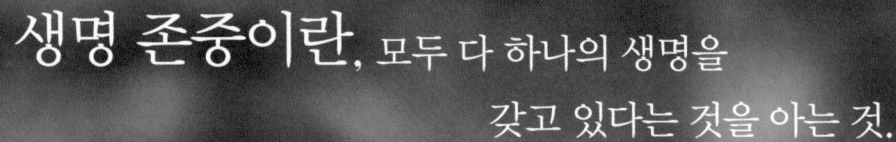

생명 존중이란, 모두 다 하나의 생명을 갖고 있다는 것을 아는 것.

'나도 하나의 생명,

　　　작은 새도 하나의 생명…'

1
Listen closely

경청

"현우야, 횡단보도 건널 때
주위를 잘 살펴라."

경청이란,
할머니 말씀을 새겨듣는 것.
"네. 조심해서
학교 다녀오겠습니다."

경청이란, 수업 시간에 선생님 말씀을 잘 듣는 것.
　　　　옆 사람과 소곤대거나 돌아다니지 않는 것.

경청이란, 친구가 하는 말을 관심 있게 듣는 것.
　　　　친구의 눈을 바라보며 고개도 끄덕이고 맞장구를 치는 것.
　　　　'경청은 상대방을 **존중**하고 있다는 첫 번째 표시야.'

경청이란, 주위가 시끄러워도 한 가지 소리만 듣는 것.
여러 소리를 한꺼번에 듣지 않는 것.

경청이란, 마음의 소리도 귀 기울여 듣는 것.
'**양심**을 속이면 안 돼. 놀다가 제시간에 못 들어왔다고
솔직하게 말씀드리자.'

경청이란,
체험 활동을 할 때, 안전 요원이 하는 말을
건성으로 듣지 않는 것. '똑똑히 들어야 해.
그래야 몸을 안 다칠 수 있어.'

경청이란, 아빠가 가만히 앉아 내 얘기를 들어 주는 것.
　　　　　내 얘기가 다 끝날 때까지 딴 일을 하지 않는 것.
　　　　　"그런 일이 있었구나. 무척 화가 났겠는데?"

경청이란, 속으로 책을 읽을 때 내가 내 목소리를 잘 듣는 것.
　　　　　잘 듣고 **공감**하는 것. 내용을 이해하고
　　　　　마음으로 깊이 깨닫는 것.

경청이란,
내게 필요한 말을 귀담아듣는 것.
'잘 기억했다가 그대로 따라 해야지.'

"씨앗은 자랄 것을 생각해서 간격을 두고
　심어야 해. 먼저 구멍을 내고….”

함께 해 봐요

오늘 나의 경청 쪽지

오늘 어떤 소리를 경청했나요? 부모님과 선생님께 들었던 어떤 이야기, 옆집 아주머니께서 하신 말씀, 친구가 했던 솔직한 조언, 깨달음을 얻게 된 책 속의 어느 구절, 노래나 시도 경청의 대상이 됩니다.

그 내용을 예쁜 종이에 적어 벽에 붙여 보아요. 곁에 두고 눈이 갈 때마다 한 번씩 읽어 보며 그 뜻을 음미해요.

2 공감
Empathy

공감이란,
잠자다 일어난 동생이
왜 우는지 아는 것.
"울지 마! 엄마 곧 오실 거야!"

공감이란, **마음을 나누는** 것. 울적해하는 친구 옆에서
웃고 떠들지 않는 것.

공감이란, 재난을 당한 사람들을 위로하고 싶은 것.
'집도 가족도 잃고 얼마나 마음이 괴로울까? 얼마나 힘들까?'

공감이란, 우리 팀이 경기에서 이겼을 때 나도 선수들처럼
기쁜 것. 기뻐서 몸이 펄쩍 뛰어오르는 것.

공감이란, 추운 날, 오돌오돌 떨고 있을 길고양이를 생각하니
나도 몸이 떨리는 것.
'어떡하지? 헌 옷이라도 갖다 놓아야 할까?'

공감이란,
오빠가 내 마음을 알아채는 것.
내가 왜 식탁 위를 두리번거리는지 아는 것.

"너, 이거 찾는 거지?
김, 여기 있어."

공감이란, 갑자기 번개가 칠 때 짝꿍이 왜 소리 지르며
　　　　　 나에게 달려드는지 아는 것.

공감이란, 슬픈 이야기를 들으면 마음이 슬프고
　　　　　 재미있는 이야기를 들으면 마음이 즐거운 것.

공감이란, '내게도 만약 저런 일이 생긴다면,
　　　　　 내가 만약 저 사람이라면…' 하고 생각해 보는 것.

공감이란,
아빠 마음과 내 마음이 똑같은 것.

"지호야, 배드민턴 라켓 챙겨야지!"

"여기 있어요.
캠핑장 도착하자마자
시합해요!"

공감을 표현할 때는?

공감을 잘 표현하려면 섬세한 배려가 필요합니다. 다음과 같이 연습해 볼까요?

친구의 기분을 살피며 친구가 하는 말이나 행동에 주의를 기울입니다.

친구의 기분이 왜 그런지 알아보아요.

친구의 기분을 인정해 줍니다.

기분이 나아질 수 있도록 위로의 말을 건네거나 의견을 제시합니다.

3
Endurance
끈기

끈기란,
엉킨 실을 다 푸는 것.
'다음부터는 이렇게 엉키지 않도록
실을 잘 감아 두어야겠다.'

끈기란, 수영을 배울 때 필요한 것. "처음부터 잘하는 사람은
 아무도 없어요. 끈기를 갖고 차근차근 배워야 합니다."

끈기란, 철새 관찰 활동을 나갔을 때,
 새가 올 때까지 기다리는 것. 지루해도 참는 것.

끈기 있는 사람은 노력하는 사람, **성실**한 사람, **책임**감 있는 사람.

끈기란, 남을 설득할 때도 필요한 것. 몇 번이고 다시 건의하는 것.
"교장 선생님, 학교 정문 앞에 자전거 거치대 만들어 주세요.
그래야 자전거 타고 학교에 올 수 있어요."

끈기란, 그림을 그리기 시작했으면 끝까지 완성하는 것.
힘들어도 계속하는 것.

끈기란,
쉽게 그만두지 않는 것. 그만두고 싶을 때
"조금만 더! 조금만 더!" 하며 버티는 것.

끈기란, 어려운 수학 문제를 그냥 넘어가지 않고
          정답이 나올 때까지 계속 푸는 것.

끈기란, 스웨터를 뜨는 할머니에게 보고 배우는 것.
          "다 뜨기 전까지 안 일어나신다고요?
          그럼 저도 숙제 마치기 전까지 안 일어날게요."

끈기란, 아빠가 도어락을 달면서 **인내심**을 가지는 것.
          잘 될 때까지 계속하는 것.

끈기란,
저 혼자 옷을 입겠다는 동생을
기다려 주는 것.

"형, 잠깐만!
이제 다 입었어."

함께 해 봐요

끈기를 키워요

지민이는 의자에 엉덩이를 붙이고 있기를 힘들어해요. 그래서 30분 동안 앉아 있는 것을 목표로 삼아 일주일 계획을 짭니다. 이렇게 조금씩 노력하다 보면 주말에는 목표를 달성하겠죠?

다른 친구들은 이런 계획을 세웠네요.

여러분은 어떤 목표를 세울 건가요?
첫 번째 걸음을 내디디면 다음 걸음은 저절로 따라와요.

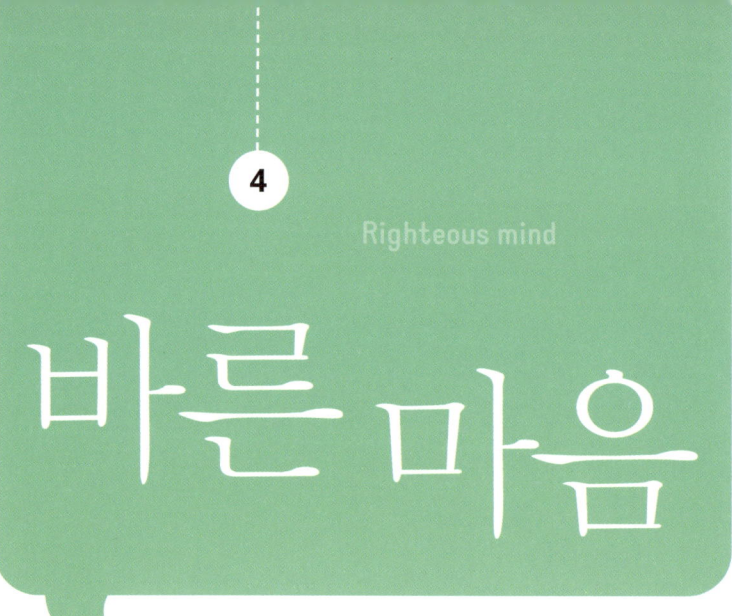

4
Righteous mind

바른 마음

바른 마음이란,
남의 물건에 욕심을 품지 않는 것.
"경찰관 아저씨, 이거
저 가로수 밑에서 주웠는데
주인 찾아 주세요."

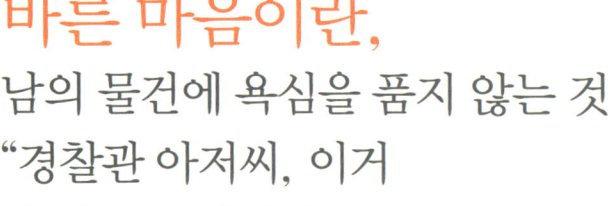

바른 마음이란,
아끼던 공룡 인형이 없어졌다고
짝꿍을 의심하지 않는 것.

"티라노사우루스만 빼고 다 있네?
내가 어디다 떨어뜨렸나 봐."

바른 마음이란, 남들이 다 해도 옳지 않은 것은 따라 하지 않는 것.
"횡단보도에서는 자전거에서 내려서 걸어야 해.
그게 규칙이야."

바른 마음이란, **양심**의 목소리를 따르는 것.
아무도 안 보고 있을 때에도 부끄럽지 않게
행동하는 것.

바른 마음이란,
바른 태도와 자세로 나타나는 것.
"**감사**합니다." "미안합니다." "죄송합니다." 하고
고개 숙여 말하는 것.

바른 마음이란, 자기보다 힘이 약한 사람을 함부로 하지 않는 것.
남을 괴롭히거나 때리지 않는 것.

바른 마음이란, 옳지 않은 일은 옳지 않다고 말하는 것.
용기를 내는 것. "지하철 쉼터에 있는 책은
가져가면 안 돼요. 모두 함께 보는 책이에요."

바른 마음이란,
자신의 잘못을 사실대로 **정직**하게 말하는 것.
남의 탓으로 돌리지 않는 것.

"엄마, 그건 솔이 잘못이 아니에요.
제가 안경을 아무 데나 벗어 놓아
그렇게 된 거예요."

함께 느껴요

옳지 않은 일에는 "멈춰!"

갑작스레 누군가에게 위협을 받거나 폭행을 당할 것 같을 때 여러분은 어떻게 하나요? 이럴 때는 아래 사진처럼 팔을 앞으로 뻗으며 큰 소리로 "멈춰!" 하고 외쳐요. 그러면 이 소리를 들은 주변 사람들이 이에 화답하듯 모두 나서서 "멈춰!" 하고 외칠 것입니다. 이것이 바로 '멈춰 프로그램'입니다. 학교 폭력을 예방하려는 취지로 노르웨이에서 처음 만들어졌습니다.

멈춰 프로그램은 폭력에 대한 단호한 반대를 의미함과 동시에 폭력에는 너 나 할 것 없이 즉각적으로 행동하자는 의지를 담고 있습니다. 폭력에는 혼자 맞설 수 없습니다. 그러기에 모두 함께 맞서야 합니다. 모두 함께 맞선다면 폭력을 멈추게 할 수 있습니다. 이제부터 자기 눈앞에서 벌어지는 폭력을 그냥 지나치지 맙시다. 각자 이렇게 자기 눈앞의 폭력을 멈추게 한다면 그만큼 우리의 환경은 안전해질 수 있습니다.

5 Care for
보살핌

보살핌이란,
어린 나무가 바람에 꺾이지 않게
지지대를 받쳐 주는 것.
'나무야, 잘 자라라.'

보살핌이란,　주고받는 것. 어릴 때 할머니가 나를 보살펴 주었으니까
　　　　　　지금은 내가 할머니를 보살펴 주는 것.
　　　　　　"할머니, 생선에 가시가 많아요. 제가 살 발라 드릴게요."

보살핌이란,　가족끼리의 **책임**. 엄마 아빠가 외출하고 안 계실 때
　　　　　　형이 "배고프니? 밥 먹을래?" 하며 **친절**하게 대해 주는 것.

보살핌이란, 내 주변에 어렵고 힘든 사람이 있는지 돌아보는 것.
그 사람들을 돕는 것.

보살핌이란, 의사가 환자를 **정성**껏 치료하는 것.
'치과에 가는 건 무섭지만 의사 선생님은 무섭지 않아.'

보살핌이란, 우리가 사는 환경을 우리가 잘 가꾸는 것.
'개울물이 더러워졌네? 냄새도 나고….
왜 그런지 알아봐야겠다.'

보살핌이란,
엄마가 아플 때
내가 엄마를 잘 돌보는 것.
약도 갖다 드리고
필요한 게 없는지 묻는 것.

"엄마, 감기 빨리 나으세요."

보살핌이란,　내가 나를 잘 챙기는 것.
　　　　　　위험한 데는 가지 않고 몸에 안 좋은 것은
　　　　　　먹지 않는 것.

보살핌이란,　짝꿍이 다쳤을 때, 내가 보건실에 데려가는 것.
　　　　　　'짝꿍이니까 당연히 내가 해야지.'

보살핌이란,
내 금붕어에 대해 **책임**을 지는 것.
금붕어를 자주자주 살피며 돌보는 것.

"금붕어들, 안녕?
식사 시간이야."

함께 해 봐요

보살핌이 필요해!

내 주위에 보살핌을 받아야 할 사람이 있는지 찾아보아요. 아무도 없다고요?
그렇지 않아요. 적어도 한 사람은 있을 거예요. 그 사람에 대해 적어 볼까요?
사람뿐만 아니라 동물과 식물에게도 보살핌의 눈길을 넓혀 보아요.

내 동생 해진이는 보살핌이 필요해요.

왜냐하면 지금 감기로 아파 누워 있기 때문이에요.

나는 해진이에게 주스를 갖다 주고 그림책을 읽어 줄 수 있어요.

_____는 보살핌이 필요해요.

왜냐하면 _____ 하기 때문이에요.

나는 _____ 에게 _____

_____ 을 해 줄 수 있어요.

_____는 보살핌이 필요해요.

왜냐하면 _____ 하기 때문이에요.

나는 _____ 에게 _____

_____ 을 해 줄 수 있어요.

부지런

6 DiLigence

부지런이란,
아침에 일어나 얼른 이부자리
정돈하고 세수하는 것.
밥 먹고, 옷 입고,
학교 갈 준비를 하는 것.

부지런이란, 물속의 송사리가 쉴 새 없이 왔다 갔다 하며
먹이를 찾는 것.

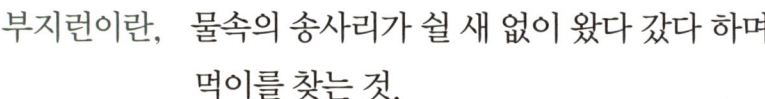

부지런이란,　해야 할 일을 꾀부리지 않고 **성실히** 하는 것.
　　　　　　"개미와 베짱이 이야기 알지?
　　　　　　그 이야기에서 개미처럼 하는 게 부지런이야."

부지런이란,　교실 청소를 할 때 필요한 것.
　　　　　　"모두 부지런히 해서 일찍 끝내고 집에 가자!"

부지런이란,　할 일을 바로바로 하는 것.
　　　　　　빈둥거리거나 게으름 부리지 않는 것.

부지런이란,
우리 할아버지를 보고 배우는 것.
새벽에 약수터에 다녀오시고
골목 청소도 하시고….

부지런이란,
아기 동생이 잠시도 가만있지 않고
방바닥을 기어 다니는 것.

부지런이란, 반드시 얻는 게 있는 것.
'열심히 밭을 일군 **보람**이 있네.
감자가 아주 잘 자라고 있잖아.'

부지런이란, 시간을 낭비하지 않는 것.
무언가를 이루기 위해 노력하는 것.

부지런이란, 지금 해도 될 일을 다음으로 미루지 않는 것.
'오늘 재활용품을 분리해 두면
내일은 갖다 버리기만 하면 되잖아.'

함께 느껴요

게으름과 부지런

경민이 할아버지는 정말 부지런하십니다. 어떤 일이든 마음을 다해 성실하게 하십니다. 여덟 살 경민이는 할아버지가 존경스럽기도 하지만 한편으로는 의문이 듭니다. 꼭 그렇게 해야 할까, 좀 게으르면 안 될까 하고요. 어느 날 경민이는 할아버지께 질문을 합니다.

경민　　　할아버지, 할아버지는 학교에도 안 가는데 왜 아침 일찍 일어나세요? 늦잠 자고 싶지 않아요?

할아버지　한번 게을러지면 자꾸 게을러지기 때문이야.

경민　　　그래서 약수터에도 가시고 운동도 하시는 거예요?

할아버지　몸이 게을러지면 마음도 게을러진단다. 하지만 부지런히 몸을 움직이면 마음도 부지런해져.

경민　　　힘이 들잖아요. 귀찮기도 하고….

할아버지　내가 해야 할 일이다 생각하면 귀찮지 않아. 내가 하지 않아도 된다 생각하니 귀찮은 거지.

경민　　　새벽에 약수터에 가서 물 뜨는 건 귀찮지 않으세요?

할아버지　아니, 즐겁기만 한데? 내가 물을 떠 와서 화초에 물을 주면 화초가 '아, 물 맛있다' 하고 좋아하거든. 그러면 나도 기분이 좋아. 그리고 하루 종일 일만 하는 건 아냐. 오전에 할 일 다 해 놓고 오후에는 슬렁슬렁 놀러 다니지. 부지런하면 자유 시간이 더 많아져. 오후에 영화 보러 가지 않을래?

경민　　　숙제 먼저 하고요. 잠깐 기다려 주세요.

생명 존중

7 Respect Life

생명 존중이란,
우리 가까이 있는 생명을
잘 **보살피는** 것.

생명 존중이란, 생명을 가진 모든 것들을 **존중**하는 마음.
함부로 하지 않는 마음.

생명 존중이란, 강아지가 태어났을 때 가족 모두 기뻐하는 것.
"모두 다섯 마리네? 이름부터 지어 주자."

생명 존중이란, 자신의 생명을 잘 지키고,
남의 생명 역시 잘 지키는 것.

생명 존중이란, 모두 다 하나의 생명을 갖고 있다는 것을 아는 것.
'나도 하나의 생명, 작은 새도 하나의 생명….'

생명 존중이란,
고라니나 꿩이 튀어나올지 모르니까
아빠가 차를 천천히 모는 것.

"아빠, 여기는 고라니가 지나가는
길목인가 봐요. 조심해야겠어요."

37

생명 존중이란,
눈 속에 갇힌
아기 산양을 구조하는 것.

생명 존중이란, 양계장에 있는 닭들을 생각하는 것.
　　　　　　　부리가 잘리고 털이 뽑힌 닭들을 생각하는 것.

생명 존중이란, 생명을 소중히 여기는 것.
　　　　　　　생명을 주신 부모님께 고마운 마음을 가지는 것.

생명 존중이란,
자기 앞에 있는 어떤 생명을
무관심하게 바라보지 않는 것.

"이 작은 동물은 친칠라야. 사람들이 모피 옷을
만든다고 마구 잡아서 멸종 위기종이 되었어."

함께 느껴요

도롱뇽을 대신하여

손바닥에 올려놓을 정도로 작은 도롱뇽을 대신해 소송에 나선 스님이 계십니다. 바로 지율 스님입니다. 2002년, 정부는 스님이 계신 천성산에 고속 철도를 위해 터널 공사를 하려고 했습니다. 공사가 시작되면 천성산의 숱한 생명들, 특히 그곳에서 서식하는 30만 도롱뇽이 위태로워질 것은 뻔한 일이었습니다. 이에 지율 스님은 도롱뇽의 대리인이 되어 공사 중단 소송을 냄과 동시에 도롱뇽 살리기 운동을 벌였습니다. 정부가 공사를 강행하려고 하자 스님은 2005년까지 모두 200여 일이 넘는 단식을 하며 반대의 뜻을 전했습니다.

스님의 요구는 소박했습니다. 공사를 시작하기 전에 공사가 환경에 어떤 영향을 미치는지를 민간단체와 함께 조사하자는 것입니다. 지율 스님의 뜻에 많은 사람들과 시민 단체들이 동조했지만 정부와의 협상은 쉽게 이루어지지 않았습니다. '도롱뇽 소송'도 '사람이 도롱뇽의 대리인이 될 수 없다'는 말과 함께 기각되었습니다.

비록 천성산의 고속 철도 공사를 막지는 못했지만 지율 스님은 사람들에게 생명에 관한 깊은 생각을 하게 해 주었습니다. 스님은 여전히 우리 자연과 그 자연에 깃들어 사는 생명들의 파수꾼이 되어 환경 운동에 앞장서고 있습니다.

8

Take the Lead

솔선

"같이 들자.
혼자 들기는 좀 무겁잖아."

솔선이란,
친구가 도와 달라고
하기 전에 얼른
다가가 돕는 것.

솔선이란, 교실 복도에 있는 깨진 유리 조각을 내가 치우는 것.
누가 하겠지 하고 그냥 지나치지 않는 것.

솔선이란, 나만 생각하는 것이 아닌 것. 내가 속해 있는,
나보다 더 큰 '우리'를 생각하는 것.

솔선이란,   내가 무엇을 해야 하는지 아는 것. 그것을 바로 하는 것.
"엄마, 소나기 올 것 같으니까 창문 닫고 나갈게요."

솔선이란,   누군가 하면 좋은 일을 내가 하는 것.
'길 한복판에 돌이 있네? 누가 모르고 가다가
넘어지겠는걸. 한쪽으로 치워야겠다.'

솔선이란,   일요일에 아빠가 청소를 하겠다고 먼저 일어서는 것.
"귀찮다 싶은 일일수록 먼저 나서는 게 나아.
남이 시켜서 하면 재미없지."

솔선이란,
사람을 구하기 위해 소방관이
불난 집으로 뛰어드는 것.
'희생 정신과 **책임**감이 있지 않으면
그런 일은 할 수 없지.'

"엄마 아빠, 안녕히 주무셨어요?"

솔선이란,
아침에 엄마가 깨우기 전에
내가 먼저 일어나는 것.

솔선이란,   선생님이 어떤 일을 부탁할 때
"제가 할게요!" 하고 짝꿍이 일어서는 것.
내가 짝꿍을 보고 배우는 것.

솔선이란,   누가 시키기 전에 스스로 알아서 하는 것.
부지런한 마음과 남에게 도움이 되고자 하는 마음이 있는 것.

솔선이란,   밥을 먹은 후, 밥그릇을 싱크대에 갖다 놓는 것.
동생도 따라 하는 것.

함께 해 봐요

솔선의 일기 쓰기

솔선을 행동으로 옮기는 데에는 용기와 노력이 필요합니다. 하지만 하루에 한 가지 정도는 나도 모르게 실천하고 있을 거예요. 오늘 내가 몸소 실천한 솔선을 찾아 솔선의 일기를 써 보아요. 으쓱한 기분이 들겠죠?

　　　　　　년　　월　　일 날씨

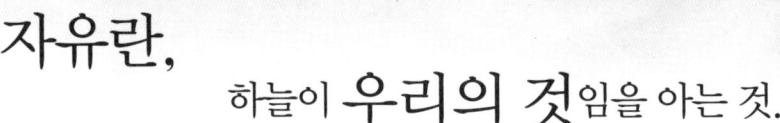

자유란,
하늘이 **우리의 것**임을 아는 것.

펄쩍 뛰어 하늘을 만져 보는 것.

자연 사랑이란,

내 눈앞의 자연과 **눈을 맞추는** 것.
자연과 내가 **하나임을** 느끼는 것.

우정이란, 오래도록 간직하는 것.

유치원 때 친구랑 학교 들어가서도 같이 노는 것.

9 Beauty
아름다움

"이야, 멋있다!"

아름다움이란,
아름다움을 발견하는
눈과 마음에 있는 것.

아름다움이란, 모든 것을 품고 있는 하늘과 같은 것.
'해와 달과 별, 구름과 비와 눈까지, 하늘은 정말 아름다워!'

아름다운 마음이란, 남을 돕고자 하는 **착한 마음**.
따뜻한 말 한 마디를 건네는 마음.

아름다움이란, 하나하나 다르면서도 여럿이 함께 조화를 이루는 것.
'강가의 조약돌은 어쩜 이렇게 아름다운지….'

아름다움이란, **행복**과 **평화** 속에 있는 것.
"모든 사람들이 **행복**하고 **평화**롭게 산다면
그보다 더 아름다운 세상은 없어."

아름다움이란,
눈길이 자꾸 머무는 것. 보기만 해도
마음이 맑고 향기로워지는 것.

아름다움이란, 자연이 만들어 놓은 것.
경이롭고 신기하고 황홀한 것.

아름다움이란, 마음으로 느껴지는 것. 진실한 감동 같은 것.
'아름다움은 감미로운 음악에서도 느낄 수 있고,
이야기에서도 느낄 수 있어.'

아름다움이란, 비교할 수 없는 것. 그 자체로 완벽하고
그래서 가치 있는 것.

아름다움이란,
내가 그렇게 느끼는 것.
'다른 사람은 어떤지 모르겠지만
나는 이구아나가 보면 볼수록 아름다워!'

함께 느껴요

새벽으로 만든 집

새벽으로 만든 집

저녁빛으로 만든 집

먹구름으로 만든 집

남자비로 만든 집

어두운 안개로 만든 집

여자비로 만든 집

꽃가루로 만든 집

메뚜기로 만든 집

내 앞의 아름다움

내 뒤의 아름다움

내 밑의 아름다움

내 위의 아름다움

내 주위에 온통 아름다움뿐.

이 시는 아메리카 원주민 부족 중 하나인 나바호 족에게서 전해 내려오는 것으로, 대자연과 대지의 아름다움을 노래하고 있지요. 어떤 대상이 아름다우면 그것을 묘사한 글도 더없이 아름답다는 것을 느끼게 합니다.

10 Yield
양보

"이거 더 먹어.
너 좋아하는 거잖아."

양보란,
학교 급식 시간에
몇 알 안 남은 딸기를
친구에게 주는 것.

양보란, 남에게 **착한 마음**을 베푸는 것.
　　　　누가 시켜서 하는 게 아닌 것.

양보란, 공중화장실에서 길게 줄을 섰을 때 급한 사람에게
　　　　자리를 바꿔 주는 것.
　　　　"먼저 들어가세요. 전 급하지 않아요."

양보란, 내가 하고 나가려던 목도리를 형에게 주는 것.
"이거 두르고 가. 형은 나보다 더 늦게 집에 오잖아."

양보란, 극장이나 공연장에서 키 작은 아이에게
앞자리를 내어 주는 것.
"앞에 앉아. 난 뒤에 앉아도 괜찮아."

양보란, 친구와 의견이 다를 때, 내가 친구의 의견에 따르는 것.
"그래. 그러면 오늘은 집에서 종이접기 하며 놀자."

양보란,
꽃밭을 가꿀 때도 필요한 것.

"어, 여기는 내가 한련화 심으려고 봐 둔 자리인데,
할머니가 무언가 벌써 심으셨네?
할 수 없다. 내가 양보해야지."

양보란, 도서관에서 한 권밖에 없는 책을 친구와 내가 동시에
빌리려고 할 때, 내가 물러나는 것.
"이번에는 내가 양보할게. 먼저 읽어."

양보란, 상대방보다 내 마음이 더 커야 베풀 수 있는 것.
내 것을 주어도 나는 작아지지 않는다는
자신감을 가지는 것.

양보란,
예의를 지키는 것.
먼저 지나가야 할 사람을 위해
잠시 비켜서 있는 것.

함께 느껴요

그네와 수박

놀이터에서 놀다 온 현수가 배고프다며 들어오더니 식탁에 앉았다.
"왜 벌써 왔어? 다 놀다 온 거야?"
엄마의 물음에 현수가 대답했다.
"다 논 것 같기도 하고 아닌 것 같기도 해요."
"무슨 말이 그래? 무슨 일 있었어?"
엄마가 현수를 돌아보며 대답을 기다렸다.
"그네를 신나게 타고 있는데 다섯 살쯤 되는 아이가 다가오더니 가만히 서 있는 거예요. 그네가 타고 싶은 것처럼요. 아이가 다칠까 봐 그네를 높이 띄울 수도 없고 해서 멈추고 그네 타고 싶으냐고 물었더니 고개를 끄덕거려요. 그래서 할 수 없이 일어났어요. 좀 더 놀고 싶었는데, 그네에서 일어나니 달리 뭐 할 게 없고… 그냥 집에 왔어요."
현수의 말이 끝나자 엄마는 냉장고를 열어 수박 한 조각을 꺼내 현수에게 주었다.
"그래서 좀 아쉬운 거구나?"
현수는 시원하게 수박을 한 입 베어 먹으며 미소 지었다.
"그래도 기분은 좋아요. 어른이 된 것 같기도 하고."
엄마가 대견하다는 듯 현수 어깨를 다독거렸다.
"맞아. 양보를 하면 내가 더 기분 좋아. 내 마음이 커지는 거잖아."

11 Friendship
우정

우정이란,
친구를 찾아가는 마음,
친구와 얼른 놀고 싶은 마음.

우정이란, 친구와 나 사이에 있는 것.
친구와 함께 있고 싶고,
친구를 위해 무언가를 하고 싶은 것.

우정이란,
친구와 **마음을 나누는** 것.
함께 고민하고 함께 걱정하는 것.

우정이란, 모래성을 쌓듯이 조금씩 조금씩 쌓아 올리는 것.
허물어지지 않도록 노력하는 것.

우정이란, 도와주고 **양보**하고 **배려**해 주는 것.
"색연필을 잃어버렸다고? 여기는 내가 찾아볼게."

우정이란, 내가 청소 당번일 때, 나랑 같이 집에 가기 위해
친구가 내 청소를 돕는 것.

우정이란,
오래도록 간직하는 것.
유치원 때 친구랑
학교 들어가서도 같이 노는 것.

우정이란, 친구가 손톱을 물어뜯을 때 이렇게 말하는 것.
"나는 네가 그 버릇 좀 고쳤으면 좋겠다."

우정이란, 학교 가는 길에서 친구를 만나면 반가워 달려가는 것.
쉬는 시간에 복도에서 만나면 또 반가운 것.

우정이란, 내가 상장을 받았을 때 친구가 정말 기뻐하는 것.
나를 자랑스러워하는 것.

우정이란,
친구들과 재미있게 노는 것.
함께 시간을 보내는 것.

"앗, 무너질 것 같아." "푸하하!"

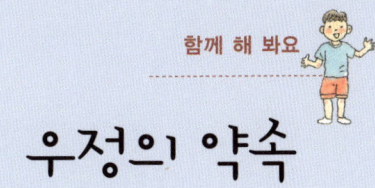

함께 해 봐요

우정의 약속

가장 친한 친구가 누구죠? 그 친구와 함께 우정을 지키기 위한 약속을 만들어 보아요. 아래 예시를 참고하세요.

- 비밀을 지켜요.
- 들어주기 곤란한 부탁은 하지 않아요.
- 잘못한 일이 있으면 바로 사과해요.
- 사과하면 받아들이고 마음을 풀어요.
- 거짓말을 하지 않아요.

12 Love for nature

자연 사랑

자연 사랑이란,
집 가까이 있는 자연을 찾는 것.
자연을 눈여겨보고
관심을 기울이는 것.

자연 사랑이란,
집 안에 있는 행운목을
식구처럼 살피는 것.

자연 사랑은, 엄마에 대해 느끼는 것과 같은 것.
　　　　　　엄마를 **사랑**하는 것처럼 자연을 **사랑**하는 것.

자연 사랑은, 숲을 가꾸고 나무를 베지 않는 것.
　　　　　　강과 바다를 더럽히지 않는 것.

　　　　　자연 사랑은, 내가 살아갈 지구에 대해
　　　　　　　　　　깊이 생각하고 행동하는 것.

자연 사랑이란, 자연과 내가 하나임을 느끼는 것.
'팔이 몸의 일부분인 것처럼 사람도 자연의 일부분이야.'

자연 사랑이란, 쓰레기를 만들지 않는 것. 일회용품을 덜 쓰는 것.
손 씻을 때나 목욕할 때 물을 **절약**하는 것.

자연 사랑이란,
바로 행동으로 보이는 것.
남이 버린 쓰레기도
내가 주워 오는 것.

함께 느껴요

자연을 발견해요

자연 사랑은 자연을 발견하는 것부터 시작됩니다. 집 주변의 작은 풀이나 물웅덩이도 자연입니다. 여기, 내가 발견한 자연을 기록해 봐요. 기록을 하면 눈에 자연이 더 잘 보입니다. 어떤 것이 있을까요?

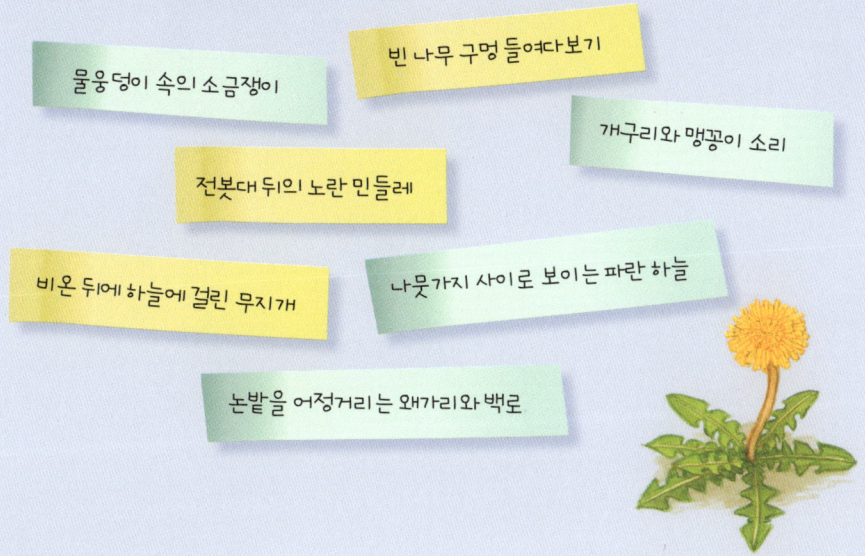

- 물웅덩이 속의 소금쟁이
- 빈 나무 구멍 들여다보기
- 개구리와 맹꽁이 소리
- 전봇대 뒤의 노란 민들레
- 비온 뒤에 하늘에 걸린 무지개
- 나뭇가지 사이로 보이는 파란 하늘
- 논밭을 어정거리는 왜가리와 백로

이제 여러분이 적어 보아요.

13 Freedom

자유

자유란,
내가 그리고 싶은 것을
그리는 것.
"무얼 그렸냐고요?
내 마음을 그린 거예요."

자유란, **책임**이 따르는 것. 그에 대한 결과를 받아들이는 것.
"네가 시킨 거니까 맛있게 잘 먹어.
다른 거 먹고 싶다고 하지 말고."

자유란, 다른 사람의 권리를 **존중**하는 것.
"쉿! 지하철에서 왔다 갔다 몸을 움직이면 안 돼.
다른 사람들을 방해하는 거야."

자유란, 나에 관한 것은 내가 결정하는 것.
"엄마는 저에게 의사가 되라고 하지만
전 수의사가 되고 싶어요."

자유란, 누구의 제재를 받지 않는 것.
학급 회의 때 자신의 의견을 걸림 없이 말할 수 있는 것.

자유란,
무엇에 얽매이거나 구속되지 않는 것.
새들이 자기가 날아가고 싶은 데로
날아다니는 것.

자유란, 마음에도 필요한 것. '누구를 미워하거나 화를 품고 있으면 마음이 자꾸 비좁아져. 그런 것들을 다 내보내면 마음이 가볍고 넓어져.'

자유란, 큰 물고기와 작은 물고기가 바닷속을 같이 돌아다니는 것. 힘이 세다고 자기들 맘대로 하는 게 아닌 것.

자유란, 어디에 갇혀 있지 않은 것. '병원에 입원해 있으니까 맘대로 돌아다닐 수도 없고 누구를 만날 수도 없고… 자유가 하나도 없어.'

자유란,
언니는 태권도 학원 다니고,
나는 검도 학원 다니는 것.

"난 검도가 더 재미있어!"

자유는 공평하게

삼촌을 따라 부산 할머니 댁에 가는 길. 민영이는 기차에 올랐다. 그런데 기차가 출발하자 한 남자아이가 공을 가지고 소란을 피우기 시작했다. 큰 공을 툭툭 던지고 이리저리 돌리며 큰 소리로 떠드는 것이다. 아이를 데리고 탄 할머니가 어쩔 줄 몰라 하며 야단을 치지만 아이는 "공부 시간도 아닌데 어때요? 내 자유잖아요." 하며 듣지 않았다. 보다 못한 삼촌이 공을 낚아채며 아이에게 말했다.

"그럼 내가 너를 주먹으로 한 대 때려도 괜찮겠니? 이 공을 창밖으로 던져도 괜찮겠니?"

"그건 안 돼요."

"왜 안 되지? 내 자유인데…."

아이는 입을 다물었다.

"다른 사람은 아랑곳 않고 자기 맘대로 하는 건 자유가 아니야. 그건 방종이란다."

삼촌은 그러면서 만약 기차의 기관사가 자기 맘대로 기차를 몰면 어떻게 될까를 생각해 보라고 했다. 또 만일 한 사람의 소란이 편안하게 쉴 수십 명의 자유를 빼앗는다면 그게 옳은 일인지도 생각해 보라고 했다.

"자유는 공평하게 나눠 쓰는 거야. 누구나 다 공평하게."

삼촌의 말에 공을 다시 건네받은 아이는 얌전히 자기 자리로 돌아가 앉았다. 기차 안은 다시 조용해지고 사람들은 눈을 감고 쉬거나 창밖의 경치를 감상했다. 민영이도 책을 펼쳐 들었다.

14 Saving

절약

"비 올 때 물을 받아 두면
비가 안 와도 큰 걱정 없지."

절약이란,
농부 할아버지가 큰 통에
빗물을 받아 두는 것.

절약이란, 물건을 사면 끝까지 다 쓰는 것. 쓰다가 버리지 않는 것.
"엄마, 치약이 아직 조금 남았어요. 제가 마지막까지
꾹꾹 눌러 쓸게요."

절약이란, 부모님이 가까운 거리는 걸어 다니는 것.
자동차보다는 자전거를 이용하는 것.

절약이란, 겨울에 내복을 입는 것. 난방비도 아끼고
지구의 자원도 아끼는 것.

절약이란, 꼭 필요하지 않은 것은 사지 않는 것.
"카레라이스 만들기로 했잖아. 컵라면은 필요 없어."

절약이란,
물건을 아껴 쓰고 나눠 쓰고
바꿔 쓰고 다시 쓰는 것.

절약이란,
쓰고 싶은 곳에 돈을 쓰기 위해 돈을 모으는 것.
'조금 더 모아서 엄마 생일 선물 사야지!'

절약이란, 먹을 만큼만 그릇에 밥을 담는 것.
담은 것은 남기지 않고 다 먹는 것.

절약이란, 휴대 전화를 충전했으면 플러그를 빼 놓는 것.
안 쓰는 가전제품도 그렇게 하는 것.

절약이란,
북극곰을 생각하는 것.
'북극의 얼음이 녹는 것은
사람들이 절약해야 할 것을
절약하지 않아서 그래.'

함께 해 봐요

모두를 이롭게 하는 절약

절약은 나에게만 이로운 게 아니에요. 가까이는 나와 우리 가족, 넓게는 다른 대륙에 사는 알지 못하는 사람들까지도 이롭게 합니다. 앞 문장과 뒤 문장을 짝지어 보면서 절약에 대해 다시 한 번 생각해 보아요.

내가 만약 깡통을 재활용품 수거함에 버리면	사이다 캔 가격이 떨어질 수 있어요.
내가 만약 쓰레기를 조금이라도 줄인다면	깊은 숲 속에 사는 오랑우탄이 나무 위에서 편하게 잠잘 수 있어요. 
내가 만약 용돈을 아껴서 기부를 하면	전기 사용을 줄일 수 있으니 핵발전소를 새로 짓지 않아도 돼요.
내가 만약 한 방울의 물이라도 아껴 쓴다면	굶주리는 지구의 어느 아이가 한 달 동안 밥을 먹을 수 있어요.
내가 만약 겨울을 좀 춥게 지낸다면	돈을 모을 수 있어요. 그래서 정말 꼭 사야 할 물건을 살 수 있어요.
내가 만약 종이를 앞뒤로 다 쓰면	내 몸에 좋은 것은 물론, 지역 농부들에게도 좋아요. 
내가 만약 우리 지역 농산물을 찾아 먹으면	물이 꼭 필요한 곳으로 돌아갈 수 있어요.
내가 만약 새 필통을 사고 싶지만 안 사기로 결심하면	지구의 어느 귀퉁이가 조금 깨끗해지겠죠. 쓰레기 매립지 대신 놀이터가 하나 더 생길 수 있어요.

15 절제
Moderation

절제란,
어두워질 때까지 놀지 않는 것.
'이제 집에 가야겠다.
집에 가서 밥도 먹고 숙제도 하고….'

절제란,
욕심이나 마음을 조절하고 **절약**하는 것.
내가 내 마음의 주인이 되는 것.

절제란,　밥 먹기 전에는 간식을 먹지 않는 것. 먹고 싶어도 참는 것.

절제란,　멈추어야 할 때 멈추는 것. "여기서 더 물로 들어가면
　　　　위험할 수도 있어. 더 들어가지 말고 여기서 놀자."

절제란,　모자라지도 않고 지나치지도 않게,
　　　　딱 적당한 만큼만 하는 것.

절제란,
아빠가 스파게티 소스를 만들 때
토마토를 너무 많이 넣지 않는 것.

"토마토를 좋아하지만
적당히 넣어야지.
안 그러면 소스가 묽어져
맛이 없어."

절제란, 깊이 생각하고 **신중**하게 행동하는 것.
　　　　딱지가 있는데 또 사지 않는 것.

절제란, 화초에 날마다 물을 주는 것은 아닌 것.
　　　　'선인장은 한 달에 한 번 정도 주면 돼.
　　　　날마다 주면 시들어.'

절제란, 친구의 실수에 무조건 화부터 내지 않는 것.
　　　　관용을 베푸는 것.

절제란,
강아지가 아무리 귀엽게 굴어도
잘못을 하면 야단치는 것.

"운동화 물어뜯으면 안 돼!"

함께 해 봐요

우리 집의 절제 목록

절제가 잘 안 되는 것이 있을 거예요. 어떤 것일까요? 혼자서 하지 말고 가족들과 함께 실천해 볼까요? 엄마 아빠 모두 절제가 필요한 것들을 아래에 적어 보아요. 서로 격려와 지지를 해 준다면 훨씬 쉽게 절제에 성공할 수 있겠죠?

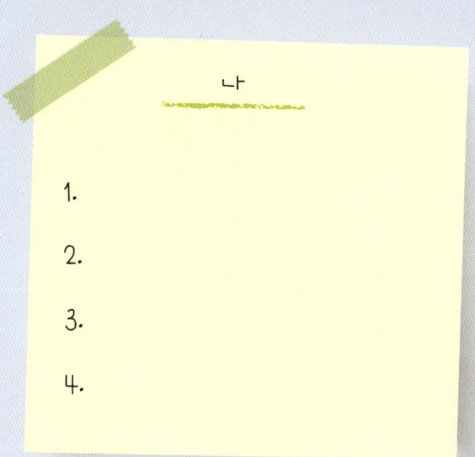

16 Tidy up
정돈

정돈이란,
현관의 신발을 신기 좋게,
보기 좋게 가지런하게 놓는 것.

정돈이란, 물건에게 적당한 자리를 정해 주는 것.
질서를 세우는 것.

정돈이란,　여러 그릇들이 제자리에 잘 포개져 있는 것.
　　　　　식구들 모두 밥그릇이 어디 있는지,
　　　　　국그릇이 어디 있는지 아는 것.

정돈이란,　놀기 전이나 공부하기 전에 방을 치우는 것.
　　　　　'어질러진 방에서는 아무것도 할 수 없어.'

정돈이란,　마음에게도 필요한 것. 생각할 것이 많아
　　　　　마음이 복잡할 때는 차근차근 순서를 정하는 것.

정돈이란,
학교 다녀와서 옷을 아무 데나 벗어 놓지 않는 것.
거꾸로 뒤집힌 옷은 바로 해서 걸어 두는 것.

정돈이란, 행사를 시작하기 전에 자리에 모두 앉아 조용히 있는 것.
"자리를 정돈하세요. 곧 교장 선생님 말씀이 시작됩니다."

정돈이란, 슈퍼마켓의 물건들이 정해진 곳에 놓여 있는 것.
"우유는 오른쪽 냉장고 두 번째 칸에 있고,
계란은 앞쪽 냉장고에 있어요."

정돈이란,
종류와 쓰임새에 따라 물건을 정리하는 것.
아무 데나 처박아 두지 않는 것.

"엄마, 이 모자는 털장갑이랑 목도리와 함께 넣을게요."

마음 정돈하기

하고 싶은 것이 많을 때, 또는 해야 할 일이 많을 때는 마음이 뒤죽박죽 혼란스러워요. 그럴 때는 마음 정리 정돈을 합니다. 어떻게 하느냐고요? 윤지는 이렇게 한대요.

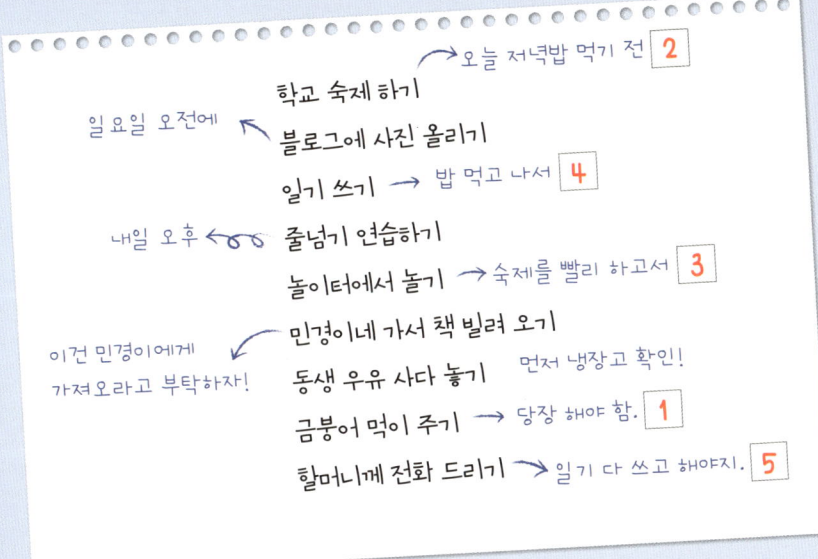

먼저 할 일과 나중에 할 일을 정하고 언제 할지를 적어 놓아요.

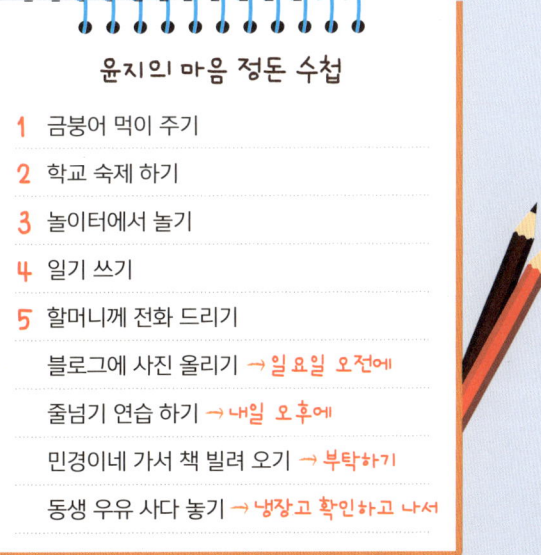

즐거움이란, 즐거워하는 사람들 속에 내가 있는 것.

자꾸 웃음이 터지는 것.

함께하기란,

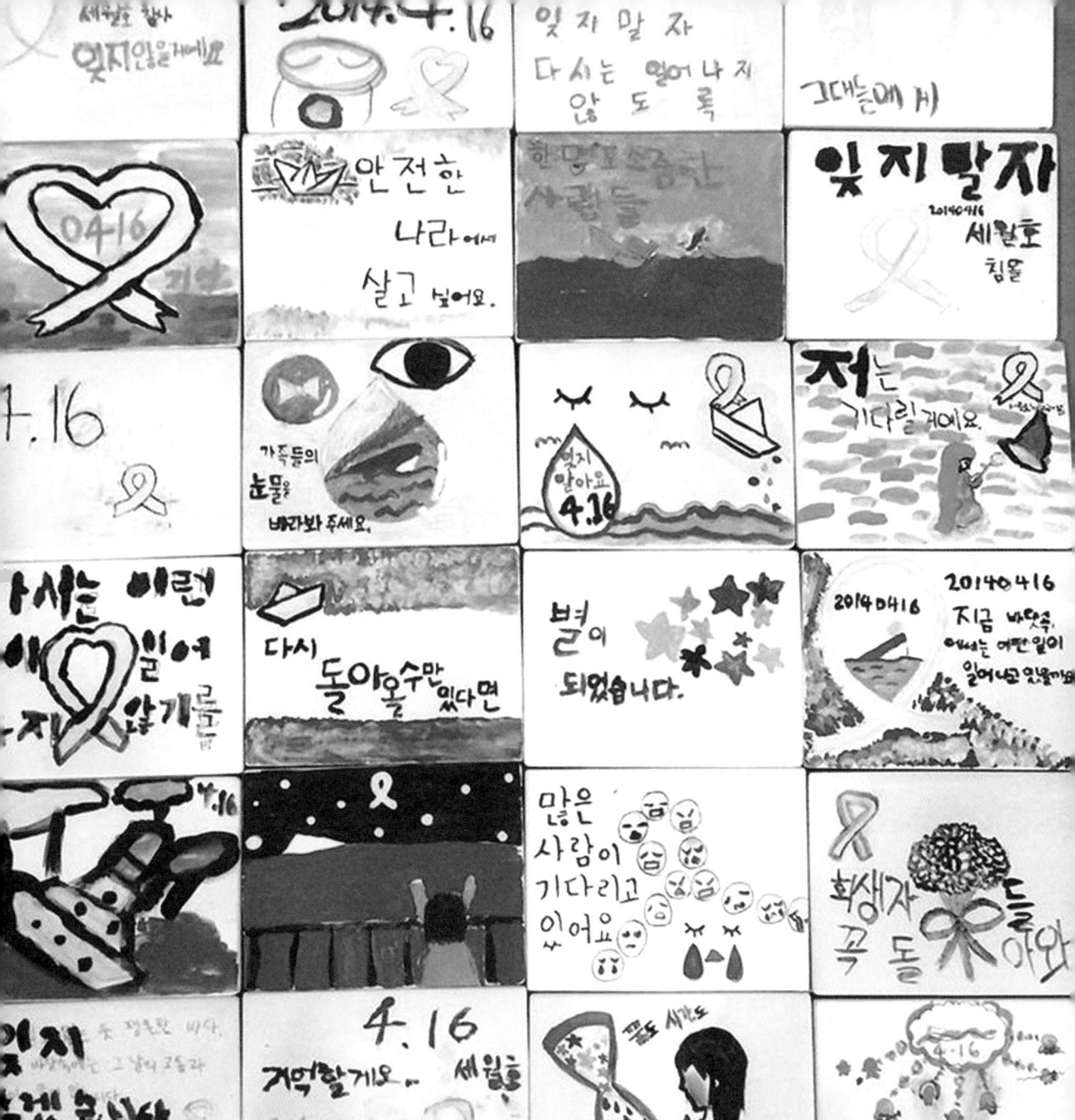

내 **주변에서** 벌어지고 있는 일에 대해 **관심을 가지는** 것.

17
Elaborate

정성이란,
시골에서 올라오는 채소 꾸러미를 받고
느껴지는 것.
"땀 흘려 키운 거니까
감사히 먹어야겠어요, 엄마."

정성이란, 생일 때마다 친구에게
내가 만든 카드와 선물을 준비하는 것.

정성이란, 진실한 마음을 담는 것. 오래도록 마음을 쓰는 것.

정성이란, 선생님이 숙제 검사를 마치면서 한마디씩 공책에
좋은 글을 남기는 것. "이것 봐요, 엄마. 오늘은 선생님이
'글씨가 예쁜 사람은 마음도 예쁘지요.'라고 써 주셨어요."

정성이란, 엄마 아빠가 아기 동생을 키우는 것.
먹이고 씻기고 재우고 **사랑**해 주는 것.

정성이란, 작품을 완성하기 위해 여러 번 고쳐 쓰는 것.
생각도 더 깊이 하고, 사전도 다시 찾아보고….

정성이란,
연극할 때 입을 옷을
이모가 손수 만들어 주신 것.

"이모, 정말 맘에 들어요.
고맙습니다!"

87

정성이란, 어떤 일을 할 때 **성실**하게 하는 것.
꾀를 부리거나 건성으로 하지 않는 것.

정성이란,
어떻게 해서 사과가 열리는지 아는 것.
"가지도 쳐 주고 꽃도 솎아 주고…
사과가 열릴 때까지 여러 번
손길이 가야 해요."

함께 해 봐요

정성을 담은 카드

정성은 마음과 손으로 전달됩니다. 아래의 만들기 순서를 잘 보고 따라 하면 정성이 듬뿍 담긴 카드를 누구나 만들 수 있어요.

  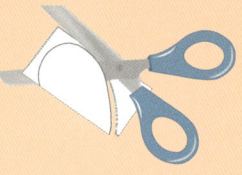

1 머메이드지를 긴 직사각형으로 잘라 그림과 같이 접어요.

2 종이를 뒤집어 그림과 같이 접어요. 이때 위로 올라온 종이는 폭이 카드보다 작게 접어요.

3 또 다른 머메이드지를 반으로 접어 하트 반쪽을 그리고, 접은 채로 오려요.

  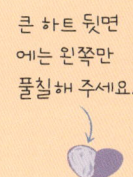

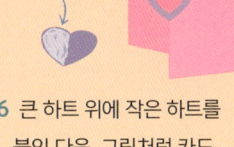

큰 하트 뒷면에는 왼쪽만 풀칠해 주세요.

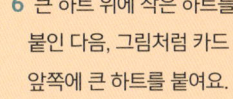

4 하트를 펴서 분홍색 색종이 위에 올려놓고 모양을 따라 그려요.

5 작은 하트도 3개 만들어요.

6 큰 하트 위에 작은 하트를 붙인 다음, 그림처럼 카드 앞쪽에 큰 하트를 붙여요.

7 하트 가장자리를 따라 목공 본드를 점점이 찍고 스팽글을 붙여요.

완성!
카드 안에 몇 자 적는 것도 잊지 말아요!

《반짝반짝 요정나라》(피오나 와트 외 지음, 한올림어린이)에서 참조했습니다.

즐거움

즐거움이란,
강아지를 산책시키는 것.
강아지가 신이 나 뛰어다니면
나도 같이 뛰면서 노는 것.

즐거움이란, 기분이 좋은 것. 만족스럽고 **행복한** 것.
나도 모르게 콧노래가 나오는 것.

즐거움이란, 재미난 일이 생길 것처럼
가슴이 두근거리고 마음이 설레는 것.
'오늘이 새 학년의 첫날이지? 짝꿍은 누굴까?'

즐거움이란, 즐거웠던 일을 추억하며 다시 즐거워하는 것.
'지난 일요일에 눈썰매장 가서 정말 재미있었어.'

즐거움이란,
아기 동생이 재롱부리는 것을 보며
할머니가 웃으시는 것.

"아이, 잘하네!"

즐거움이란, 내가 좋아하는 것을 할 때. "나는 축구를 할 때가 가장 즐거워. 숨도 차고 힘도 들지만 더 뛰고 싶고 계속 달리고 싶어."

즐거움이란, 즐거워하는 사람들 속에 내가 있는 것. 자꾸 웃음이 터지는 것.

즐거움이란,
새로 산 우산을 들고 비를 맞이하며
나만의 기쁨을 누리는 것.

"난 비 오는 게 좋아.
빗소리도 좋고 빗방울도 좋아."

함께 해 봐요

나를 즐겁게 하는 것들

사람들마다 즐거움을 느끼는 것이 같을까요, 다를까요?
'나를 즐겁게 하는 것'을 풍선 안에 그려 보아요. 마음이 더욱 즐거워질 거예요.
부모님께도 여쭤 보아요. 어떤 것이 엄마 아빠를 즐겁게 하는지….

19
Moral Principles

질서

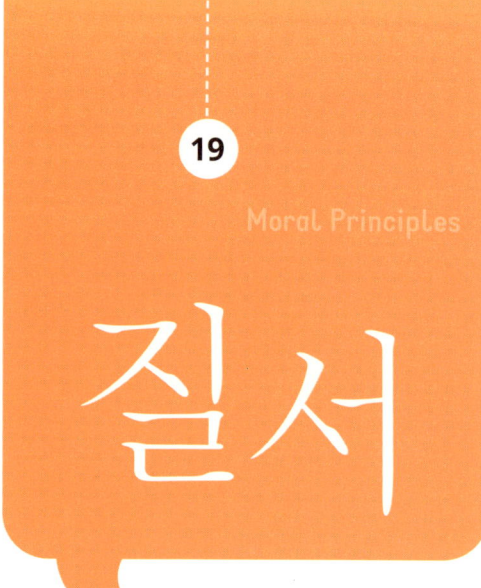

"번호만 알면 책을 바로
찾을 수 있어서 편하네."

질서란,
도서관의 책들이
책등의 번호대로 꽂혀 있는 것.

질서란, 줄을 설 때 남을 밀치거나 새치기를 하지 않는 것.
버스를 탈 때 내리는 사람이 먼저 다 내리고 타는 것.

질서란, **예의**를 지키는 것. 할아버지께서 먼저 수저를 들 때까지
기다렸다가 수저를 드는 것.

질서란, 여러 사람들이 함께 행동할 때 필요한 것.
　　　　급식 때 줄을 선 순서대로 음식을 받고 자리를 찾아 앉는 것.
　　　　"친구의 자리를 맡아 두지 맙시다. 그러면 딴 아이들이
　　　　식판을 들고 이리저리 돌아다녀야 하니까 복잡해요."

질서란, 병원에서 먼저 온 사람이 먼저 진찰을 받는 것.
　　　　"이제 조금만 기다리면 되겠다. 다음이 내 차례야."

질서란, 법과 규칙과 **약속**을 잘 지키는 것.
　　　　"에스컬레이터에서는 뛰면 안 돼.
　　　　뛰어야 할 만큼 급하면 계단으로 가야 해."

질서란,
자기가 맡은 역할대로 행동하는 것.
자기 **책임**을 다하는 것.
"민기는 투수, 예준이는 포수…."

질서란, 행사 안내장에 쓰여 있는 대로 행사가 진행되는 것.
'교장 선생님 말씀 끝나면 졸업장 수여가 있네.
언니가 졸업장을 곧 받겠구나.'

질서란, 서랍 정리를 할 때도 필요한 것.
자주 쓰는 물건은 위 칸에 넣고
가끔 쓰는 물건은 아래 칸에 넣는 것.

질서란, 전교생이 한자리에 모일 때 줄지어 들어오고
줄지어 나가는 것. 시끄럽게 떠들거나
혼자 행동을 하지 않는 것.

질서란,
나는 동생을 **보살피고**
동생은 나를 따르는 것.

"오빠가 잡아 주니까 좋다!"

함께 느껴요

질서가 뭘까? 왜 지켜야 하지?

친구들이 여러분에게 이런 질문을 했어요. 뭐라고 대답해야 할까요?
여러분은 어떻게 생각하나요?

준서 질서를 지켜야 할 때면 기분이 안 좋아.
      남의 명령대로 움직이는 자동 기계가 된 것 같아서.
      나만 그런가?

제희 트램펄린 타려고 기다리는데 어떤 아이가
      자꾸 새치기를 하는 바람에 어찌나 화가 나던지….
      질서를 안 지키는 사람은 정말 싫어.

기훈 질서를 안 지키면 어떻게 될까?
      무슨 일이 벌어질지 너무 궁금해.

다해 우리 엄마는 사람 몸속에도 질서가 있대.
      몸속의 질서란 뭘까? 질서가 깨지면 병이 난다는데.

단이 질서가 왜 필요한지 모르겠어.
      하지만 무질서는 더 싫을 것 같아.

20 착한 마음
Be nice

착한 마음이란,
겨울에 새 먹이를 나뭇가지에
매달아 주는 것.
"이거 먹고 봄에 꼭 보자!"

착한 마음이란,
남의 사정을 **이해**하고
공감하는 마음.

"아빠, 밭일 하느라 힘드시죠?
과일 드시며 좀 쉬세요."

착한 마음이란, 누군가를 위해 봉사하는 마음.
솔선해서 남을 돕는 마음.

착한 마음이란, 오랜만에 오신 할머니를 공손하게 대하는 것.
"할머니, 안마해 드릴까요? 텔레비전 틀어 드릴까요?
마실 물 갖다 드릴까요?"

착한 마음이란, 본받고 싶은 마음. 나도 닮고 싶은 마음.
"엄마, 오늘 횡단보도 건널 때 어떤 할머니가 걸음을
빨리 못 걸어서 형이 옆에서 함께 걸었대요."

착한 마음이란,
남을 **존중**하고 **배려**하는 마음.
내 것을 **양보**하고 남이 잘 되기를
바라는 마음.

착한 마음이란, 부모님과 함께 친척 어른의 문병을 가는 것.
"큰아버지, 수술 잘 받으시고 얼른 나으세요."

착한 마음이란, 웃는 얼굴로 사람들을 대하는 것.
상냥한 마음과 **친절**한 마음을 가지는 것.

착한 마음이란,
손을 다친 친구의 알림장을
내가 대신 써 주는 것.

"고마워!"

함께 해 봐요

칭찬 릴레이 카드

누군가 먼저 칭찬 카드를 예쁘게 꾸며 교실 벽에 붙입니다. 그러면 칭찬을 받은 친구는 일주일 안에 또 다른 칭찬 카드를 만들어 벽에 붙여요. 일 년이면 한반의 모든 친구들이 칭찬의 대상이 되겠죠?

나는 김유나를 칭찬합니다.
유나는 내가 귤을 좋아하는 것을 알고
급식 때 자기 귤을 저에게 양보했습니다.

나는 _____ 를 칭찬합니다.
_____ 는 _____
_____

나는 _____ 를 칭찬합니다.
_____ 는 _____
_____

21 평화 Peace

평화란,
우리 집 누렁이랑 수염이가
사이좋게 지내는 것.

평화란, 큰 소리로 상대방을 겁주거나 윽박지르지 않는 것.
사람을 때리지 않는 것.

평화란, 화가 날 때 등 돌리고 모르는 척하지 않는 것.
문제를 해결하려고 노력하는 것.
"엄마 아빠, 여기 앉아 보세요. 그러니까 문제는….″

평화란, 봄날의 공원 같은 것. 산책을 하는 사람,
운동을 하는 사람, 유모차에 아기를 데리고 나온
사람… 모두 **공평**하게 봄날을 즐기는 것.

평화란, 전쟁터에서 상대편 병사들끼리 총을 내려놓고
싸움을 멈추는 것. 더 이상 전쟁을 하지 않는 것.

평화란,
다른 지역이나 다른 나라에서 온
사람들과 잘 어울려 사는 것.
"우리 모두 친구예요!"

평화란,   갓난아기가 아무 걱정 없이 잠을 자는 것.
          잠자면서 방긋 웃는 것.

평화란,   남한과 북한이 친구처럼 지내다가 통일을 하는 것.
          서로 만나 웃으며 이야기하고 편안하게 사는 것.

평화란,   안전하고 **자유**로운 것. "평화롭지 않으면 아무도 자유롭게
          돌아다닐 수 없어. 그래서 평화가 필요한 거야."

평화란,
가까운 사이에 필요한 것.
싸웠던 친구와 화해하는 것.

"네 책 던져서 미안해!"

"아냐. 먼저 놀려서 내가 미안해!"

104

평화

장미 가시가

장미꽃을 찌르지 않는 것

장미꽃이

장미 가시를 한 몸으로 생각하는 것

뿌리와 줄기와 잎과 가시와 꽃이

한 나무에 함께 사는 것

누군가가 누군가에게

장미꽃을 선물하는 것

주는 사람과 받는 사람이

서로에게 물들어 가는 것

장미꽃과 가시가 함께 어우러져 장미가 되듯 평화도 그와 같음을 느껴 봅시다.
이 시는 박승우의 《생각하는 감자》(창비, 66쪽)에서 뽑았습니다.

22 Participation

함께하기

함께하기란,
모둠 친구들과 함께 교실 뒤에 걸어 둘
미술 작품을 만드는 것.
오리고 붙이고 그리고 색칠하고….

함께하기란, 내가 어느 팀인지 아는 것. 모두 한마음이 되어
목이 터져라 응원을 하는 것.

함께하기란, 주말농장에서 오이를 심을 때 나도 참여하는 것.
"오이는 안 좋아하지만 우리 집 일이니까
나도 당연히 거들어야지."

함께하기란, 나 혼자 외톨이가 되지 않는 것.
친구가 생기는 것. 친구가 많아지는 것.

함께하기란,
가족들이 모두 모여 무언가를 하는 것.
어린 동생도 빠지지 않는 것.

"우리 막내도 잘하네!"

함께하기란, 저녁을 먹고 가족과 함께 산책을 나가는 것.
강아지도 따라나서는 것.

함께하기란, 내 주변에서 벌어지고 있는 일에 대해 관심을 가지는 것.
가족, 동네, 학교, 모둠, 동아리, 나라, 지구…
주위 사람들과 함께 무언가 좋은 일을 하는 것.

함께하기란,
국토 순례에 참여해 함께 걷는 것.
"혼자서는 못하겠지만 여럿이
함께하니 힘이 솟는 것 같아."

함께 느껴요

아름다운 어깨동무

　외국의 사례입니다. 한 반의 아이가 암에 걸렸는데 항암 치료로 머리털이 다 빠져 민머리가 되었답니다. 갑작스러운 병으로 상심을 한 아이는 민머리가 창피하다며 학교에 안 가려고 합니다. 그런데 친구의 마음을 헤아린 어떤 아이가 친구를 위해 자기도 머리를 깎겠다고 말합니다. 이에 다른 아이들도 나섰습니다. 모두 아픈 친구를 위해 머리를 깎겠다고 나선 것입니다. 이렇게 해서 반의 모든 아이들이 머리를 빡빡 깎았습니다. 아픈 친구가 교실 문을 열고 들어오면서 어떤 감동을 받았을지 미루어 짐작할 수 있죠?

　한국에도 최근에 훈훈한 이야기가 생겨났습니다. 희귀병을 앓고 있는 한 아이가 운동회 달리기에서 뒤처지자 앞서가던 아이들이 다시 돌아가 그 아이의 손을 잡고 함께 달려 결승점을 통과한 것입니다. 누가 일등을 하고 누가 꼴찌를 한 게 아니라 꼴찌 없는 달리기를 한 것입니다.

　함께하기는 아무도 소외시키지 않는 아름다운 어깨동무입니다. 어깨동무를 하는 동안에는 누구도 넘어지거나 비틀거리지 않게 됩니다. 서로가 서로에게 의지가 되고 힘이 되기 때문입니다.

23 Cooperation

협동

협동이란,
풍선을 놓쳐 나뭇가지에
풍선이 걸렸을 때,
오빠가 나를 받쳐 주어
풍선을 붙잡을 수 있는 것.

협동이란, 오케스트라 연주와 같은 것. "우리 팀을 위해
내가 더 잘하고 싶은 게 협동이야. 협동은 **책임**감이야."

협동이란, 집을 지을 때 여러 사람들이 필요한 것. 함께 힘을 쓰는 것.

협동이란, 내가 남에게 도움이 되고
　　　　　남이 나에게 도움이 되는 것.

협동이란, 공동의 목표를 이루기 위해
　　　　　자기가 가진 힘과 재능을 모으는 것.
　　　　　'협동을 하면 내 힘이 더 커지는 것 같아서 좋아.'

협동이란,
누나와 나, 동생이 함께 빨래 정리 정돈을 하는 것.
내가 빨래를 걷어 오면 누나가 빨래를 개고,
동생이 깨끗해진 옷을 방에 갖다 놓는 것.

협동이란, 내가 꼭 필요한 사람, 쓸모 있는 사람이
된 것 같아 뿌듯해지는 것.

협동이란, 사고가 났을 때 사람을 구하기 위해
구조대원들이 모두 힘을 합치는 것.

협동이란, 사람들이 함께 모여 사는 까닭. "혼자서 할 수 있는 일은
하나도 없어. 모두 협동으로 이루어져. 회사 일도 그렇고,
농사일이나 공장 일도 그렇고."

협동이란,
노를 저을 때 다 함께 "영차! 영차!" 하며
힘차게 앞으로 나아가는 것.

동물에게 배우는 협동

동물의 세계에서도 협동을 쉽게 찾아볼 수 있어요. 한 예로 말미잘은 흰동가리에게 은신처를 제공하고 흰동가리는 다른 물고기를 말미잘에게 유인해 줍니다. 그 밖에 어떤 동물이 있을까요? 아래 사진을 보며 생각해 보아요.

말미잘과 흰동가리

희망

희망이란,
지구에 굶는 아이들이 없기를 바라는 것.
그것을 위해 내가 할 수 있는 일을 하는 것.

희망이란, 앞일에 대한 기대. '착한 일을 많이 하면
크리스마스 때 산타 할아버지께서 선물을 주시겠지?
만약 산타 할아버지가 있다면.'

희망이란, 부모님이 동생을 낳아 주셨으면 하고 바라는 마음.
"엄마 아빠, 여동생이어도 좋고 남동생이어도 좋아요.
쌍둥이도 괜찮아요!"

희망이란, 조난 당한 사람이 살아날 것을 기대하며 구조대를
기다리는 것. 쉽게 좌절하거나 절망하지 않는 굳은 마음.

희망이란, 어른들이 전쟁을 멈추었으면 하고 바라는 마음.
'유엔 사무총장님께 편지를 써야지.
전쟁으로 아이들을 죽이지 말라고.'

희망이란,
내가 이루고 싶은 것. 내가 누리고 싶은 것.
"마음으로 바라고 몸으로 노력하면
지휘자가 되고 싶은 꿈을 이룰 수 있어."

희망이란,　마음이 부자가 되는 것.
　　　　　지금 좀 견디면 좋은 결과가 있을 거라는 **믿음**.

희망이란,　다른 것을 꿈꿀 수 있게 하는 것.
　　　　　"다음 이사 갈 때는 내 방이 생기겠죠, 엄마?"

희망이란,
지금 당장은 이루기 힘든 것도
조금씩 노력하면 이루어질 수 있다는
커다란 꿈을 품는 것.

"허리를 꼿꼿이 세우고
이렇게…."

함께 느껴요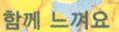

함께 나눌 수 있는 희망도 있어요

너무 힘들다고 눈물짓지 말아요.
원래 희망은 희망이 없는 곳에 있어요.
눈에 잘 뜨이는 데 있다면 그건 희망이 아니겠죠.
깜깜한 어둠 속에 별이 숨어 있듯이
희망도 깊은 절망 속에 감추어져 있어요.

나 혼자의 희망도 있지만
함께 나눌 수 있는 희망도 있어요.
모으면 더 커질 수 있는 희망도 있지요.
가슴에 희망을 품어요. 맞잡은 손에 힘을 주어요.
가라앉으려는 세상을 번쩍 일으켜 세워요.

**모두를 위한
아름다운 가치 24 정의**

경 청 🌹 경청은 남의 말을 귀 기울여 듣는 것입니다. 상대방을 존중하고 그가 하는 말을 신뢰한다는 표시이기도 합니다. 경청의 반대는 무시와 냉담입니다. 마땅히 경청을 해야 하는데 하지 않는다면 그렇게 보일 수 있음을 알아야 합니다. 아이들에게 경청은 특히 중요합니다. 수업 시간에 선생님 말씀을 듣는 것이 곧 경청이요, 공부입니다. 또한 책을 읽는 것, 생각하는 것, 기도하는 것, 내면의 목소리를 듣는 것도 경청의 한 모습입니다. 경청으로부터 배움과 관계 형성이 시작됩니다. 사회가 점점 소란스러워지면서 경청의 가치도 새로이 주목받고 있습니다.

공 감 🌹 생명 있는 존재들은 서로를 바라보는 시선에 공감이 어립니다. 공감이 없다면 마음도 없습니다. 마음이 없다면 생명도 없습니다. 생명 있는 존재들끼리의 마음의 교류가 공감입니다. 아무리 짧은 만남이라도 공감이 교차하지 않으면 그것은 생명들끼리의 만남이라고 할 수 없습니다. 공감은 나와 타인 사이의 정서적 끈으로, 나를 더욱 확장시켜 줍니다. 아이들은 공감 능력을 타고났지만 안타깝게도 경쟁을 부추기는 사회 분위기와 디지털 기술의 발달 때문에 성장할수록 공감 능력을 잃어버리는 게 현실입니다. 성인이 되어 직장이나 공동체에서 받는 스트레스도 일의 내용이나 과도한 업무량보다는 소통과 공감의 부재에서 온다는 것을 새삼 깨달아야겠습니다. 공감은 어려운 것이 아닙니다. 상대방의 입장에서 느끼고 생각할 수 있다면 누구나 실천 가능한 덕목입니다.

끈 기 🌹 끈기란 지속성입니다. 목적지를 향해 한 발 한 발 쉼 없이 걷는 것과 같습니다. 끈기는 인내와 성실, 부지런함, 노력, 의지와 잇닿아 있습니다. 아무리 좋은 기술과 재능을 갖고 있어도 끈기가 없다면 무언가를 성취하기 힘듭니다. 에디슨이 전기를 발명한 것, 라이트 형제가 비행기를 만들어 낸 것, 아인슈타인이 상대성 원리를 발견한 것에는 모두 끈기가 바탕이 되었습니다. 문학과 예술 행위에 있어서도 끈기는 필수입니다. 포기하고 싶은 그 1초의 순간을 견디고 지속하는 힘, 그것이 끈기입니다.

바른 마음 🌸 바른 마음은 옳고 정의로운 마음입니다. 개인적으로는 자기 양심을 지키는 것이며 사회적으로는 법을 지키는 것입니다. 흔히들 바른 마음은 무언가 손해나 희생을 감수하는 걸로 여기지만 넓게 생각하면 그렇지 않다는 것을 알게 됩니다. 세상이 모두 도둑으로 변해 있다면, 나 역시 행복할 수 없을 테니까요. 바른 마음이 바른 행동으로 나타나려면 솔선과 용기가 필요합니다. 아이들에게 솔선과 용기도 함께 알려 주기 바랍니다.

보 살 핌 🌸 아이들은 누구나 보살핌이 필요합니다. 부모들이 아이들을 돌봐 주지요. 몸이 아픈 사람들도 보살핌이 필요합니다. 의사와 간호사, 가족과 친지들이 그들을 돌보아 줍니다. 보살핌은 생명체들의 따뜻한 본능입니다. 가족이나 친구에게서 시작된 보살핌이 고통을 받고 있는 이웃으로, 전쟁 중인 다른 나라로 넓게 퍼져 나간다면 분명히 아름답고 평화로운 세상이 될 것입니다. 나보다 약한 사람, 어려운 사람을 향한 사랑의 손길이 보살핌입니다.

부 지 런 🌸 구르는 돌에는 이끼가 끼지 않습니다. 하늘은 스스로 돕는 자를 돕는다는 말도 있습니다. 부지런히 몸을 움직이는 사람에게는 활기와 자신감이 넘칩니다. 두려움, 무력감, 귀찮고 따분한 마음, 우울함을 멀리 쫓아낼 수 있습니다. 부지런하게 일만 하라는 것은 아닙니다. 부지런히 해서 할 일을 마치면 자유 시간이 훨씬 늘어난다는 것을 말해 주세요. 늘 무언가를 미루는 사람은 남들이 다 놀 때도 놀지 못합니다. 노는 것도 부지런해야 잘 놀 수 있답니다.

생 명 존 중 🌸 생명은 선물입니다. 우리가 믿는 신에게, 자연에게, 부모에게 받은 선물입니다. 그런 까닭에 우리는 생명을 감사하게 또한 소중하게 생각해야 합니다. 나의 생명뿐 아니라 다른 사람의 생명, 동물과 식물의 생명까지도 모두 다 존귀하게 대해야 합니다. 그런데 우리는 그 어느 때보다도 생명을 경시

하는 사회에 살고 있습니다. 이윤을 위해서라면 나무나 꽃의 생명은 물론이고 반려동물이나 야생 동물의 생명까지도 함부로 취합니다. 이는 강자의 횡포이며 약자에 대한 폭력이라 할 수 있습니다. 남의 생명을 존중하는 것은 곧 나의 생명을 존중 받는 일입니다. 나는 곧 그 누군가의 타자이기 때문입니다.

솔 선 🌸 솔선은 어떤 일을 남이 시키기 전에 내가 먼저 스스로 하는 것입니다. 힘든 일, 위험한 일이나 하기 귀찮은 일일수록 앞장서서 나서는 것이 솔선입니다. 솔선을 실천하려면 책임감도 따르고 용기도 필요합니다. 자신의 이익이 아닌 공동체의 이익을 먼저 생각하는 희생정신도 필요합니다. 솔선하는 사람이 없으면 우리 사회는 개선이나 발전을 꾀할 수 없습니다. 닻을 잃은 배처럼 풍랑에 이리 떠밀리고 저리 떠밀릴 것입니다. 인류 역사상 위대한 인물은 모두 솔선하는 사람들이었음을 아이들에게 일깨워 주고 그들을 본받을 수 있도록 독려해야 합니다.

아 름 다 움 🌸 사람은 빵만으로는 살 수 없습니다. 아름다움을 추구하는 존재입니다. 아름다움이 배제된 삶은 삭막하고 일차원적이라 할 수 있습니다. 우리는 대개 아름다움을 외적인 것에서 찾곤 합니다. 사람의 경우는, 외모에서 아름다움을 먼저 발견합니다. 하지만 사람은 마네킹이 아니기 때문에 마음까지 아름답지 않으면 우리는 그 사람을 아름다운 사람이라고 말하지 못합니다. 진정으로 아름다운 사람이 되려면 이 책에 실린 미덕을 고루 갖추어야겠습니다.

양 보 🌸 마음으로만 '양보해야지.' 하면 소용이 없습니다. 행동으로 바로 옮기는 것이 양보입니다. 양보는 겸손, 관용, 마음 나누기, 배려, 솔선, 친절과 연결되어 있습니다. 상대방을 먼저 위하는 것이므로 양보를 받는 쪽에서는 고맙고 기분 좋은 일입니다. 그러나 마음에서 우러난 것이어야 합니다. 강요받기 전에 먼저 베풀어야 양보가 됩니다.

우 정 🌸 우정은 친구와 나를 동일시하게 합니다. 남녀 간의 사랑이나 부모 자식 간의 사랑은 동일시할 수 있는 사랑은 아닙니다. 감정이나 상황에 휘둘리는 사랑은 애증과 집착으로 변질될 수 있지만 우정은 이성적인 믿음과 친밀감으로 형성되기에 오래되면 오래될수록 견고해집니다. 어릴 적에 맺은 우정은 웬만해서는 끊어지지 않습니다. 자주자주 서로 어울리면서 평생 가는 친구를 많이 만들기 바랍니다.

자연 사랑 🌸 자연 사랑은 말 그대로 자연을 사랑하는 것입니다. 우리 부모 세대만 해도 자연 사랑은 너무나 당연한 거라 일부러 말할 필요도, 강조할 필요도 없었지만 지금은 그렇지 않습니다. 아이들에게 자연 사랑은 아무리 강조해도 지나치지 않습니다. 그만큼 우리 사회가 자연을 점점 더 황폐하게 만들고 있기 때문입니다. 자연이 망가지면 우리의 삶도 망가집니다. 더 늦기 전에 자연 사랑이 우리가 실천해야 할 새로운 가치로 자리매김하면 좋겠습니다.

자 유 🌸 자유에는 개인적 차원과 사회적 차원이 있습니다. 개인적인 차원에서의 자유란 남으로부터의 억압이나 강요가 없는 상태이고, 사회적인 차원에서의 자유는 공평, 책임, 질서 등과 연대합니다. 흥미로운 점은 자유란 나 혼자 있을 때는 아무 필요도 없다는 것입니다. 남과 함께 있을 때, 남의 존재를 의식할 때 우리는 자유를 생각합니다. 따라서 자유란 남으로부터 구속을 받지 않는 것이라기보다는 남과 어떻게 평화로운 관계를 맺을지의 문제입니다. 또한 나의 자유를 누리기 위해 남의 자유를 짓밟는 것은 옳지 않습니다. 아이들에게 이 점을 분명히 말해 둘 필요가 있습니다.

절 약 🌸 절약이 지금 시대에 새롭게 부각되는 까닭은, 요즘 사람들이 너무나 많은 것을 낭비하고 있어서입니다. 그 많은 물건과 상품은 다 지구의 자원에 의존하고 있고, 그 자원은 곧 고갈됩니다. 자원 고갈은 먼 미래가 아닌 지금 일어나고 있는 현실입니다. 지구인의 약 70%가 생활에 필요한 물과 전기를 쓰지 못하고 있기 때문입니다. 내가 실천하는 절약은 물건이 필요한 이들에게 물건이 하나 더 갈 수 있음을 의미합니다. 절약을 한다고 해서 인색해지면 안 됩니다. 낭비하지 않고 필요한 곳에 돈을 쓰는 것, 이것이 절약입니다.

절 제 🌸 절제란 마음과 감정, 욕심을 절약하는 것입니다. 내면에 어떤 선을 그어 그 선을 넘지 않도록 조심하는 것이 절제입니다. 절제는 하루아침에 이룰 수 없습니다. 날마다 하루를 돌이켜 보고 지나친 것이 있는지, 과도하게 욕심을 부린 것이 있는지 살펴야 합니다. 찻잔에 물을 부을 때 넘치지 않도록 따라야 하는 것처럼 어디가 나의 적정선인지 늘 기억해야 합니다. 절제가 필요한 까닭은 자유롭기 위해서입니다. 절제를 통해 스스로를 다스리지 못하면 자기 감정과 욕심의 노예가 될 뿐입니다. 절제를 잃으면 주변 사람들과의 관계도 건강하게 유지되기 힘듭니다.

정 돈 🌸 사람들은 정돈이 잘 되어 있는 방보다는 흐트러진 방에서 자유로움을 느끼기도 합니다만 무언가 집중해서 하려면 주변이 정돈되어 있어야 합니다. 정돈은 무질서한 것을 바로잡고 사물과 상황에 적절한 자기 자리를 찾아 줌으로써 나의 자리를 확보하는 것입니다. 정신없이 흐트러진 곳에서는 무엇을 해야 할지, 어디에 있어야 할지 알 수 없기 때문입니다. 정돈은 무언가를 하기 위한, 준비와 같습니다.

정 성 🌸 어떤 일이든 간에 기계가 아닌 사람이 한다면 그것에는 정성이 들어가야 합니다. 특히 사람이 사람에게 하는 일에 정성이 빠져 있으면 안 됩니다. 정성이 빠져 있다는 것은 상대방에 대한 존중이 없다는 것입니다. 무신경하게 또는 마지못해서 하고 있음을 뜻합니다. 환자 얼굴도 살피지 않고 의사가 환자를 진찰할 때, 식당의 종업원이 음식을 탁 내려놓을 때 누구라도 기분이 상하는 것은 이 때문입니다. 정성은 우리에게 마음이 있음을 말합니다. 마음은 나에게도 있고 남에게도 똑같이 있습니다.

즐 거 움 🌸 행복과 마찬가지로 즐거움은 우리가 사는 이유이기도 합니다. 아무리 큰 성공을 거두었다고 해도 즐거움을 느끼지 못하거나 즐거운 일이 전혀 없다고 여긴다면 그는 불행한 사람입니다. 어릴 적에 느끼는 즐거움은 평생을 가기 때문에 저축을 해 놓듯이 즐거움을 많이 축적해 두어야 좋습니다. 그러나 즐거움만을 추구하는 것은 옳지 않습니다. 즐거움에도 절제가 필요합니다. 또한 기분 좋은 일이 늘 생길 수는 없으니 우리는 지금 상태에 만족하는 것을 더 배워야 합니다.

질 서 🌸 질서 하면 대개들 줄을 서는 것, 차례를 지키는 것을 떠올립니다만 넓은 의미의 질서는 전체를 이루기 위해 개개인이 서로 연결되어 있는 방식입니다. 목걸이에 비유하면 구슬을 꿰는 실이라고 할 수 있습니다. 우리 몸의 수억 개의 세포들이 정연하게 움직이는 방식도 질서이며, 사람과 동식물이 유기적으로 연결되어 있는 것도 질서입니다. 사회적으로는 자기 자리에서 자기 몫의 역할을 하는 것입니다. 질서를 지킨다고 해서 맹목적으로 정해진 것을 수동적으로 따라야 한다는 것은 아닙니다. 질서의 방향을 정하는 것은 개개인의 의지입니다.

착한 마음 🌸 동양의 고전 〈노자〉에는 '상선약수(上善若水)', 즉 최고의 선함은 물과 같다는 말이 나와 있습니다. 물은 만물을 이롭게 하면서도 서로 다투지 않고, 다른 것의 더러움을 씻으며 낮은 곳으로 흐르기 때문입니다. 늘 이렇게 물과 같은 착한 마음을 지니긴 힘들겠지만 도움이 필요할 때, 내가 위안이 되어 줄 수 있을 때는 착한 마음을 아끼지 말아야 합니다. 착한 마음은 착한 행동으로 나타납니다. 그러나 왼손이 하는 일을 오른손이 모르게 하라는 〈성경〉의 한 말씀처럼 착한 행동은 내색을 하지 않고 해야 합니다.

평 화 🌸 평화는 폭력과 다툼이 없는 상태입니다. 강자가 약자를 짓누를 때, 불공평과 차별, 부정(옳지 않음)이 만연할 때 폭력과 다툼이 일어납니다. 평화는 자칫 잊고 있기 쉽지만, 평화가 위협 받으면 모두들 평화가 생존의 바탕임을 깨닫게 됩니다. 흔히 평화를 지키는 것에 대한 책임은 국가에 있다고 생각합니다만, 국가는 각각의 국민들의 합체일 뿐입니다. 따라서 사람들 개개인이 평화적으로 대화하고 평화적으로 행동할 때 국가의 평화도, 세계의 평화도 지킬 수 있습니다.

함 께 하 기 🌸 공동체의 구성원으로서, 당연히 해야 할 활동에 팔짱만 끼고 있는 것은 책임 회피이자 스스로 외톨이가 되는 길입니다. 함께하기는 좁게는 참여 정신이지만 넓게는 유대와 연대로 이어집니다. 지금의 민주 사회는 각 구성원들의 참여를 기반으로 이루어졌습니다. 어릴 적부터 아이들에게 함께하기를 독려해 건강한 시민으로 커 나가도록 도웁시다.

협 동 🌸 협동이란 무언가를 이루기 위해 여럿이 힘을 모으는 것입니다. '백지장도 맞들면 낫다.'는 말처럼 사소한 일도 함께 하면 좋은 결과를 만들 수 있습니다. 협동은 우리가 함께 모여 살고 있는 이유가 되기도 합니다. 서로 모여 살면 좋으니까 동네와 사회, 국가를 이루고 함께 사는 것입니다. 협동은 공동체를 유지하는, 보이지 않는 질서입니다. 동물이 무리 생활을 하는 까닭도 이 때문입니다.

희 망 🌸 아무리 힘든 상황이라 해도 희망을 놓지 않는다면 곤경을 벗어나기 위해 노력을 할 수 있고, 노력을 하는 한 절망하지 않을 수 있습니다. 그러나 막연한 희망만큼 공허한 것도 없습니다. 희망은 멀리, 크게 품되, 준비는 차근차근 구체적으로 이루어져야 합니다. 자라나는 아이들에게 희망은 아주 중요한 덕목입니다. 한 톨의 볍씨라 해도 쌀이 되려는 희망이 없다면 싹이 트고 잎이 날 까닭이 없습니다. 아이들에게 희망은 성장의 이유이며 에너지입니다. 또한 어른들에게는 살아야 할 명분이기도 하지요.

아름다운 가치 사전 200% 활용하기

아름다운 가치 사전 활동은 혼자보다 여럿이 함께 하면 더 좋습니다. 함께 참여하면 의미도 더 값지고 기억도 오래가고 두고두고 얘기할 즐거운 추억도 만들 수 있습니다. 아래의 활용 예를 보고 각 가정에서, 또는 학교나 도서관 동아리 모임에서 함께 해 보기 바랍니다.

우리 집 아름다운 가치 만들기

거창한 가훈 대신에 아름다운 가치 사전의 48가지 가치 중 하나를 택해 '우리 집 아름다운 가치'로 삼아 보아요. 아름다운 가치 사전을 펼쳐 우리 집에 어떤 가치가 가장 필요할지, 혹은 어떤 가치를 가장 중요하다고 보는지 등등에 대해 이야기를 나눈 다음 모두의 의견을 존중해서 하나의 가치를 정합니다. 그것을 빳빳한 종이에 적어 온 가족이 볼 수 있는 곳에 붙여 놓아요. 한 달에 한 번씩, 또는 일 년에 한 번씩 다른 가치로 바꾸어 달아요.

가치 쪽지 보내기

친구가 지니고 있는 아름다운 가치를 찾아내어 그 친구에게 쪽지를 보내는 것입니다. 칭찬 릴레이 카드처럼 다 함께 돌아가면서 쪽지를 써도 좋고, 친한 친구에게 비밀스럽게 보내도록 해도 좋습니다.

| 문구 예시 |

- 지현아, 나는 네 안에서 양보를 발견했어. 양보를 알게 해 주어 고마워.
- 윤기야, 어떤 일에나 솔선을 하는 네가 너무 멋져. 나도 너를 본받고 싶어.
- 서준아, 너를 보면 바른 마음이 얼마나 중요한지 알겠어. 왜 그것을 지켜야 하는지도 알 것 같아. 앞으로도 바른 마음을 잃지 말기 바라!

아름다운 가치 일기 쓰기

일주일 중 어느 특정 요일에는 아름다운 가치로 일기를 쓰면 어떨까요? 예를 들어 '양보의 일기'라면 그날 하루 양보했던 일이나 누군가에게 양보를 받고 고마움을 느꼈던 일 등을 떠올려 일기를 쓰는 것입니다. 이 활동을 '화목한 일기 쓰기'로 칭하고 화요일과 목요일마다 일기 쓰기를 해도 좋습니다. 사소하게 지나쳤던 일들을 새로운 눈으로 살펴볼 수 있고 어느 한 가치에 대해 마음을 집중시킬 수 있어 좋은 활동이라 생각합니다.

반대되는 개념 대비시키기

아름다운 가치 사전에 소개된 48가지의 반대 개념을 떠올려 볼까요? 용기에는 비겁, 절약에는 낭비, 부지런에는 게으름… 이렇게 반대 개념을 떠올리면 아름다운 가치들이 왜 아름다운지, 왜 아름다운 가치를 실천해야 하는지를 더욱 확연히 알게 될 것입니다.

아름다운 가치 보물 찾기

아름다운 가치 48가지를 작은 종이에 써서 안 보이게 접은 후, 아무것도 안 쓰인 종이와 함께 나뭇가지나 돌 틈 등에 숨겨 놓고 아이들에게 찾게 합니다. 아이들에게 아름다운 가치는 보물처럼 발견하는 것이라고 얘기해 주면서 놀이를 하면 그 발견의 기쁨이 더욱 클 것입니다. 다 찾고 나면 한 아이씩 나오게 해서 자신이 발견한 가치에 관해 묻고 아름다운 가치 사전의 용례처럼 한 문장씩 설명을 해 보게 해도 좋겠습니다.

에필로그

아름다운 가치 사전에는 책이 나오기 전까지 숨죽인 시간들이 있었습니다. 그 시간들의 먼지와 무게를 다 털고 예쁜 표지를 입고 책으로 나왔을 때 저는 무척 감격했습니다. 그러곤 그 전의 숨죽인 시간들을 까맣게 잊었습니다. 아마도 마음속으로 "이제 됐어. 이 정도로 충분해. 내 할 일은 다 했어. 지금부터는 이 책을 읽는 사람들이 애쓸 일이야." 하고 외치며 자랑스레 이 책을 들고 다녔던 것 같습니다. 그러나 언제부터인가 속에서 쓴물이 넘어오듯이 이 사회에 대해, 그리고 아이들의 현실에 대해 쓸쓸하고 헛헛한 상념이 마음속을 부유했습니다.

지금 하나하나 따져 보면 그것은 첨성산의 도롱뇽과 그 숱한 구제역 살처분, 파헤쳐진 강기슭, 툭툭 잘려 나간 산, 그리고 가슴에 묻을 수도 없는 세월호 아이들 때문이 아닐까 합니다. "내가 이렇게까지 했는데, 왜 세상은 자꾸 가라앉으려고 하지?" 하는 탄식이 유령처럼 문득문득 출몰했습니다. 저는 아이들에게 함박웃음을 주는 이야기를 쓰고 싶었고 지금도 늘 그리고 싶다는 '꿈'을 갖고 있다는 것을 말씀드려야겠습니다. 그 때문에 동화 작가가 되었고 그 꿈을 아직도 품고 있기에 여전히 동화 작가로 불리고 싶은 게 제 마음입니다. 그런데 자꾸 동화가 써지지 않는 현실을 마주합니다. 웃음 이전에 눈물이 나려고 합니다.

동화 작가가 동화를 술술 쓸 수 있는 때는 언제일까요? 언제 저는 제 꿈을 이룰 수 있을까요? 그 꿈을 비수처럼 가슴에 품고 비장한 마음으로 저는 아름다운 가치 사전 두 번째 책 원고를 준비했습니다. "나는 도덕군자가 아닌데…." 하는 넋두리와 부끄러움과 죄스러움을 꾹꾹 밟고, 10년 전 처음 출판을 준비하던 그때의 초심으로 돌아가 가라앉는 세상을 끌어 올리고픈 열망 하나에 취해 다시 아름다운 가치 사전 두 번째 책을 펴냅니다.

두 번째 권을 마무리하고 나서   그림까지 들어간 교정지를 매만지니, 첫 번째 책은 감사에서 시작해 행복에서 끝났는데 이번 책은 경청에서 시작해 희망으로 끝이 나 있었습니다. 온당한 일이라 저는 생각합니다. '경청'에 대한 관심이 시작된 것은 서정록 교수가 쓴 《잃어버린 지혜, 듣기》를 읽고부터였습니다. '희망'으로 끝이 난 것은 제가 아직 희망을 버리지 않았기 때문입니다. 아이들이 태어나고 자라고 있는 한 우리들은 희망을 버릴 수 없습니다. 아이들을 세상으로 불러들인 장본인으로서 "세상이 왜 이래요?" 하는 아이들의 질문에 대한 대답을 우리는 가지고 있어야 합니다. "아직 희망이 있어. 내가 노력해 볼게."라고 말하고 싶기에 저는 그냥 주저앉고 싶은 마음을 추슬러 다시 아이들 앞에 나아갑니다.

이번에는 많은 책들이 저를 도와주었습니다.   동물에 관한 시선을 새롭게 한 첫 책으로 《닮은 꼴 영혼》, 생명의 가치를 보여 준 《모든 것은 느낀다》, 공감의 중요성을 일깨운 《EQ 감성지능》, 고통 받는 약자에 대한 시야를 넓혀 준 《왜 세계의 절반은 굶주리는가?》를 비롯한 장 지글러의 일련의 책들, 그리고 《아이들은 왜 자연에서 자라야 하는가》를 포함한 여러 권의 책들이 저의 든든한 지원군입니다. 이 책이 나오면 저는 살아서 펄펄 뛰는 동화를 쓰기 위해 잠적할 것입니다. 저물녘의 강가에서 맨손으로 물고기를 잡았을 때의 그 경이로운 기쁨을 동화로 주고 싶습니다. 아쉬우면 아쉬운 대로 세상이 더 가라앉지 않도록 이렇게 거미줄을 둘둘 쳐 놓고, 저는 웃음을 머금고 있는 아이들을 찾아 그 웃음을 터트려 주는 동화를 쓰겠습니다.

2015년 7월, 채인선

아름다운 가치사전 2
모두를 위한 가치
©2015 채인선·김은정

글쓴이 | 채인선   그린이 | 김은정   편집 | 이은영   디자인 | 김민서
사진 | 이산책(8-9쪽, 46-47쪽) 정우호(10-11쪽, 48-49쪽) 곶자왈작은학교 아이들(44-45쪽, 84-85쪽) 김용만(82-83쪽)
김포초등학교 5학년 3반 아이들(27쪽) ㈔환경교육센터(39쪽 도롱뇽) 에너지정의행동(39쪽 상단) 불교신문(39쪽 하단)

펴낸곳 | ㈜도서출판 한울림   펴낸이 | 곽미순
출판등록 | 2004년 4월 12일(제2021-000317호)   주소 | 서울특별시 마포구 희우정로16길 21
대표전화 | 02-2635-1400   팩스 | 02-2635-1415
블로그 | blog.naver.com/hanulimkids   인스타그램 | www.instagram.com/hanulimkids

첫판 1쇄 펴낸날   2015년 8월 17일   6쇄 펴낸날   2017년 1월 10일
 2판 1쇄 펴낸날   2017년 6월 12일   31쇄 펴낸날   2025년 5월 12일
ISBN 978-89-98465-72-8   73190

저작자가 따로 명시된 경우를 제외한 이 책의 모든 글은 채인선이 쓴 글입니다.
아울러 이 책은 저작권법에 따라 보호 받는 저작물이므로, 저작자와 출판사 양측의 허락 없이는
이 책의 일부 혹은 전체를 인용하거나 옮겨 실을 수 없습니다.

* 한울림어린이는 ㈜도서출판 한울림의 어린이 책 브랜드입니다.
* 잘못된 책은 바꾸어 드립니다.

어린이제품안전특별법에 의한 제품 표시   제조국 대한민국   사용연령 8세 이상

아름다운 가치사전 2
모두를 위한 가치

가치 낱말 카드

1. 잘라서 가치 낱말 카드로 활용하세요.
2. 친구들과 수수께끼 놀이를 해 보세요.

끈기 *Endurance*

목적지를 향해 한 발 한 발 쉴 새 없이 걷는 것이며, 포기하고 싶은 1초의 순간을 견디고 지속하는 것입니다.

경청 *Listen closely*

남의 말을 귀 기울여 듣는 것입니다. 상대방을 존중하고 상대가 하는 말을 신뢰한다는 표시이기도 합니다.

뜻함 *Righteous mind*

옳고 정의로운 마음입니다. 자기 양심을 지키는 것일 뿐 아니라, 법을 지키는 것입니다.

보살핌 *Care for*

정성을 기울여 상대를 보호하고 돕는 일입니다. 나보다 약한 사람, 어려운 사람을 향한 사랑의 손길입니다.

공감 *Empathy*

생명 있는 존재들끼리의 마음의 교류입니다. 상대방의 입장에서 느끼고 생각하는 것입니다.

부지런함 *Diligence*

놓지 않고 하는 일을 꾸준히 하는 것입니다. 부지런히 할 일을 마치면 놀 수 있는 시간도 늘어납니다.

○○란,
옷깃 사이를 다 푸는 것.
'다음부터는 아저씨 형게
옷깃을 풀지 않도록
실을 잘 잡아 두어야겠다.'

○○○○이란,
남의 물건에 욕심을 품지
않는 것.
"경찰관 아저씨, 이거
제가 문구점 앞에서
주웠는데
주인 찾아 주세요."

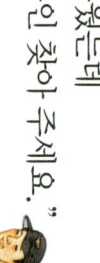

○○○이란,
어린 나무가 바람에 쓰러지
않게 지지대를 받쳐 주는 것.
'나무야, 잘 자라라.'

○○○이란,
아침에 일어나 잠자리
정돈하고 세수하는 것.
밥 먹고, 옷 입고,
학교 갈 준비를 하는 것.

○○이란,
할머니 말씀을 새겨듣는 것.
"네. 조심해서
학교 다녀오겠습니다."

○○이란,
잠자다 일어난 동생이
왜 우는지 아는 것.
"울지 마! 엄마 곧 오실 거야!"

Respect Life
생명 존중

생명은 우리가 믿는 신에게, 자연에게, 부모에게 받은 선물입니다. 그런 까닭에 우리는 생명을 감사하고 소중하게 생각해야 합니다.

솔선
Take the Lead

어떤 일을 남이 시키기 전에 내가 먼저 스스로 하는 것입니다. 역사적으로 위대한 인물들은 모두 솔선하는 사람들이었습니다.

Beauty
아름다움

진정한 아름다움은 외모뿐 아니라, 《아름다운 가치 사전》에 실린 미덕을 고루 갖춘 것입니다.

Yield
양보

생명을 먼저 위하는 것, 남을 위해 자신의 이익을 희생하는 것입니다.

Friendship
우정

친구 사이에 나누는 마음입니다. 이 성적인 믿음과 친밀감으로 형성되며, 오래될수록 견고해지는 것입니다.

Love for nature
자연 사랑

자연을 사랑하는 것입니다. 자연이 망가지면 우리의 삶도 망가집니다. 자연 사랑은 아무리 강조해도 지나치지 않은 가치입니다.

○○○○이란,
눈길이 자꾸 머무는 것.
보기만 해도 마음이 밝고
향기로워지는 것.

○○란,
학교 급식 시간에
몇 알 안 남은 딸기를
친구에게 주는 것.

○○이란,
친구들과 재미있게 노는 것.
함께 시간을 보내는 것.

○○ ○○이란,
바른 행동으로 보이는 것.
남이 버린 쓰레기도
내가 주워 오는 것.

○○ ○○이란,
우리 가까이 있는 생명을
잘 **보살피는** 것.

○○이란,
친구가 도와 달라고
하기 전에 얼른
다가가 돕는 것.

절제 (Moderation)

마음과 감정, 욕심을 절약하는 것입니다. 내면에 어떤 선을 그어 그 선을 넘지 않도록 조심하는 것입니다.

정돈 (Tidy up)

무질서한 것을 바로잡고 사물과 상황에 적절한 자리를 찾아 줌으로써 나의 자리를 확보하는 것입니다. 정돈은 무언가를 하기 위한 준비의 갈음입니다.

자유 (Freedom)

개인적 차원의 자유란 남으로부터의 억압이나 강요가 없는 상태입니다. 사회적 차원의 자유란 공평, 책임, 질서 등과 연대한 평화로운 관계에서 남에게 구속되지 않고 내 마음대로 하는 것입니다.

정성 (Elaborate)

온 힘을 다하려는 참되고 성실한 마음입니다. 어떤 것이든 사람이 하는 일에는 정성이 들어가야 합니다.

절약 (Saving)

낭비하지 않고 꼭 필요한 곳에 필요한 물자를 쓰는 것입니다. 절약한다고 인색해지면 안 됩니다.

즐거움 (Joy)

마음에 거슬리는 것이 없이 흐뭇하고 기쁜 것입니다. 행복과 즐거움은 우리가 사는 이유이기도 합니다.

○○란,
강아지가 아무리 귀엽게 굴어도 잘못을 하면 야단치는 것.

○○란,
언니는 태권도 학원 다니고, 나는 검도 학원 다니는 것.

○○이란,
학교 다녀와서 옷을 아무 데나 벗어 놓지 않는 것.
제자리 제 위치에 옷을 바로 해서 걸어 두는 것.

○○이란,
욕급할 때 입을 옷을 이모가 손수 만들어 주신 것.

○○이란,
북극곰을 생각하는 것.
'북극의 얼음이 녹는 것은 사람들이 절약해야 할 것을 절약하지 않아서 그래.'

○○○이란,
새로 산 우산을 들고 비를 맞이하며 나만의 기쁨을 누리는 것.

평 Peace

폭력과 다툼이 없는 상태입니다. 개개인이 평화적으로 대화하고 평화적으로 행동할 때 국가의 평화도, 세계의 평화도 지킬 수 있습니다.

Moral Principles

질서

사물의 순서나 차례입니다. 넓은 의미의 질서는 전체를 이루기 위해 개개인이 연결되어 있는 방식이고, 사회적 의미의 질서는 자기 자리에서 제몫을 하는 것입니다.

함께하기 Participation

축제는 참여 정신이지만 넓게는 약대와 연대로 이어집니다. 함께하기는 건강한 시민으로 커 가는 밑거름이 됩니다.

협동 Cooperation

무언가를 이루기 위해 여럿이 힘을 모으는 것입니다. 사소한 일도 함께 하면 좋은 결과를 만들 수 있습니다.

Be nice

착한 마음

곱고 바르며 상냥한 마음입니다. 착한 마음은 착한 행동으로 나타납니다. 도움이 필요할 때, 내가 위안이 되어 줄 수 있을 때는 착한 마음을 아끼지 말아야 합니다.

희망 Hope

어떤 일을 이루거나 하기를 바라는 것입니다. 아이들에게 희망은 성장의 이유이며 에너지이고, 어른들에게 희망은 살아야 할 명분이 됩니다.

○○란,
우리 집 누렁이랑 수염이가
사이좋게 지내는 것.

○○○○란,
모둠 친구들과 함께 교실 위에
걸어 둘 마을 작품을 만드는 것.
오리고 붙이고
그리고 색칠하고….

○○이란,
풍선을 놓쳐 내 동생이
풍선이 걱정될 때,
오빠가 나를 받쳐 주어
풍선을 붙잡을 수 있는 것.

○○란,
자기가 맡은 역할대로
행동하는 것.
자기 **책임**을 다하는 것.
"민기는 투수,
예준이는 포수…."

○○ ○○이란,
손을 다친 친구의 알림장을
내가 대신 써 주는 것.

○○이란,
지구에 굶는 아이들이
없기를 바라는 것.
그것을 위해 내가
할 수 있는 일을 하는 것.